**Professor-Hilde-Goldschmidt-Preis
1997–2009**

Impressum

Herausgegeben von:
Professor-Hilde-Goldschmidt-Stiftung
und Museum Moderner Kunst Stiftung Ludwig Wien

Redaktion: Dr. Gabriele Hofer, Linz
Grafikdesign: Dorit Margreiter
Druck: REMA Print, Wien
Verlag: Museum Moderner Kunst Stiftung Ludwig Wien

© der Texte bei den AutorInnen
© der Abbildungen bei den KünstlerInnen, FotografInnen sowie bei VBK, Wien 2009
Alle Rechte vorbehalten

ISBN 978-3-902490-61-2

Professor-Hilde-Goldschmidt-Stiftung
Vorsitzender des Vorstandes: Dr. Gert Ammann, Völs
Museumstraße 15
A-6020 Innsbruck

MUMOK – Museum Moderner Kunst Stiftung Ludwig Wien
Direktor: Prof. Edelbert Köb
Museumsplatz 1
A-1070 Wien
www.mumok.at

Die Drucklegung wurde dankenswerterweise gefördert von der Stadtgemeinde Kitzbühel und der Volksbank Tirol Innsbruck-Schwaz AG, Filiale Kitzbühel.

Professor-Hilde-Goldschmidt-Stiftung
und Museum Moderner Kunst Stiftung Ludwig Wien (Hg.)

Professor-Hilde-Goldschmidt-Preis 1997–2009

Mit Texten von
Gert Ammann
Martin Hochleitner und Edelbert Köb
Gabriele Hofer

Wien und Innsbruck 2009

Inhalt

6
Martin Hochleitner und Edelbert Köb
Vorwort

8
Gert Ammann
Die Malerin Hilde Goldschmidt und die Professor-Hilde-Goldschmidt-Stiftung

15
Professor-Hilde-Goldschmidt-Preis 1997–2009
PreisträgerInnen, Vorstands- und Jurymitglieder

Dejanov & Heger 16
Rainer Ganahl 20
Dorit Margreiter 24
Jun Yang 28
Hans Schabus 32
Uli Aigner 36
Florian Pumhösl 40
Marko Lulic 44
Markus Schinwald 48
Susanne Jirkuff 52
Andreas Fogarasi 56
Anna Artaker 60

Anita Leisz 64
Thomas Feuerstein 66
Anna Jermolaewa 68
Peter Niedertscheider 70
Stefan Sandner 72
Peter Senoner 74

Biografien 76

Vorwort

Der Professor-Hilde-Goldschmidt-Preis wird seit 1997 jährlich an eine/n österreichische/n KünstlerIn unter 40 Jahren vergeben. Für den Preis gibt es weder eine Ausschreibung noch eine Bewerbungsmöglichkeit. Auch reagiert die Jury auf keine Nominierungen Dritter. Statt dessen schlägt jedes Jurymitglied in der jährlichen Sitzung selbst maximal zwei KünstlerInnen vor. Die jeweilige Juryentscheidung ist dann das Resultat eines intensiven Diskussionsprozesses, aus dem schließlich eine künstlerische Position als PreisträgerIn hervorgeht. Durch diese Form erfuhr so manche/r KünstlerIn erst bei der Kontaktaufnahme durch den Juryvorsitzenden von der Existenz des Professor-Hilde-Goldschmidt-Preises, der in Erinnerung an die österreichische Malerin - nach ihrem persönlichen Wunsch - zur Förderung junger KünstlerInnen vergeben wird. Die Preisverleihung findet jeweils in Tirol statt.

Der Hinweis auf das Prozedere einer Jury am Beginn eines Beitrages über den Professor-Hilde-Goldschmidt-Preis erfolgt mit der Überzeugung in die Qualität, die die spezielle Auswahlmodalität in der Entscheidungsfindung über die bisherigen PreiträgerInnen ermöglicht. Die vorgeschlagenen KünstlerInnen repräsentieren für jedes einzelne Jurymitglied eine besonders auffällige Beobachtung im eigenen künstlerischen, musealen und medialen Berufsfeld. In der konkreten Jurysitzung gilt es, die persönliche Wahrnehmung zu argumentieren, für die nominierte Position zu werben und die anderen Jurymitglieder von der eigenen Auswahl zu überzeugen. Alle bisherigen Entscheidungen sind das Ergebnis eines derartigen Diskussionsprozesses, der von der gesamten Jury auch immer als ein besonderes Erlebnis und als spezielle Form des Informationsaustausches über aktuelle Tendenzen der Gegenwartskunst empfunden wird.

Im Kontext der österreichischen Kunstpreise nimmt der Professor-Hilde-Goldschmidt-Preis jedoch nicht nur wegen seines Auswahlverfahrens eine spezielle Rolle ein. Der Blick auf die PreisträgerInnen seit 1997 vermittelt vielmehr ein charakteristisches Profil von Methoden und künstlerischen Konzepten bei den bislang ausgezeichneten Positionen. In ihren Arbeiten verbindet sich ein selbstverständlicher Zugriff auf unterschiedlichste Medien mit einer gegenwartsbezogenen Form der Konzeptkunst, die in unterschiedlichsten Kontexten analytische bzw. rechercheorientierte Strategien verfolgt. Für alle bisherigen PreisträgerInnen gilt ein absolut zeitimmanenter Anspruch der jeweiligen künstlerischen Arbeit. Vielfach werden ihre Positionen auch als signifikanter Beitrag zur aktuellen Kunstdiskussion rezipiert. Mehrere KünstlerInnen etablierten sich zuletzt auch im Kontext wichtiger nationaler und internationaler Ausstellungsprojekte.

Das aus der Liste der bisherigen PreisträgerInnen ablesbare Selbstverständnis der künstlerischen Projekte vermittelt ein pointiertes Arbeiten mit verschiedenen Referenzebenen. Auffällig erscheint, dass mehrere Positionen intensive Recherchen über ein Vokabular der Moderne unternehmen. Dabei überlagern sich mehrfach Untersuchungen über Verflechtungen von Kunst, Politik und Gesellschaft mit Analysen von verschiedenen Medien und Formen in den Feldern von Architektur, Film, Raumplanung und Denkmälern. Als künstlerische Arbeiten leisten diese Projekte wesentliche Beiträge zu einer Neubewertung von Themen, die wiederholt das Scheitern von Utopien neu aufrollen.
Mehrfach werden in den Arbeiten der PreisträgerInnen auch mediale Codes des Alltags künstlerisch bearbeitet bzw. transformiert.

Die Umsetzung der einzelnen Konzepte erfolgt ganz unterschiedlich und deckt ein selbstverständliches Spektrum an medialen Nutzungsmöglichkeiten ab. Die meisten PreisträgerInnen nutzen im Ausstellungskontext die Form von Installationen, in denen die verschiedenen Themen nicht nur präzise verhandelt, sondern auch mit einem hohen Bewusstsein um den jeweils gewählten Displaycharakter der Installation verbunden werden.

Auf der Suche nach einer Gemeinsamkeit der bisherigen zwölf PreisträgerInnen findet sich schlagwortartig der Begriff der Kompetenz. Diese prägt jedes einzelne Werk. Sie bestimmt das Wissen um die Rezeption und Wirkung der eigenen Arbeit im aktuellen Kunstdiskurs. Sie kennzeichnet alle Phasen und Ebenen des Projektes und schließt folglich die Bereiche von Recherche, Konzeption, Präsentation und Dokumentation mit ein. Zum Großteil der ausgezeichneten KünstlerInnen liegen spezielle und sehr exakt konzipierte Publikationen vor.

Als Mitglieder der Jury hoffen wir, mit der jeweiligen Empfehlung für die Verleihung des Professor-Hilde-Goldschmidt-Preises einen qualitativen Beitrag für die österreichische Gegenwartskunst zu leisten. Wir gratulieren an dieser Stelle nochmals allen bisherigen PreisträgerInnen und hoffen, dass die Auszeichnung auch rückblickend zur richtigen Zeit Bestätigung und Ansporn für ihre Arbeit gewesen sein mag.

Martin Hochleitner und Edelbert Köb, September 2009

Die Malerin Hilde Goldschmidt
und die Professor-Hilde-Goldschmidt-Stiftung

Prolog

„Das war ihr Domizil: Das Haus am Rain, auf der Sonnseite von Kitzbühel. Nur wenige Meter über der Eisenbahn, welche Kitzbühel mit dem Westen, Norden und Osten verbindet. Aus dem Norden kam Hilde Goldschmidt 1933 in die Bergstadt, im Winter, zum Schifahren. Wie könnte es anders sein, sie blieb – gezwungenermaßen auf Grund eines Beinbruches – sieben Monate. Ihr Krankenzimmer wurde zum Atelier. Doch diese Monate scheinen ein intensives Erlebnis hinterlassen zu haben. Auch die politischen Machtverhältnisse zwangen sie, hier zu bleiben – für immer, wenigstens meinte sie das. Denn 1938 wurde sie aufgefordert, ja gezwungen, ihre zweite Heimat zu verlassen. Sie folgte der Einladung ihres Bruders nach England und kehrte erst 1950 wieder zurück. Nun begann aber eine wachsende Zuneigung zu Kitzbühel, immer wieder unterbrochen von Studienfahrten und schlussendlich für ewig unterbrochen: Am 6. August 1980 starb sie in Kitzbühel. Ihr Grab befindet sich am alten Friedhof der Pfarrkirche zum hl. Andreas. Florian Unterrainer – Schmied, Künstler, Freund – gestaltete es: eine aufgerollte Eisenplatte, wie eine Seite in ihrem Leben aufgeschlagen. Auch er ist ihr schon in den Tod gefolgt. Zur Erinnerung an den 100. Geburtstag von Hilde Goldschmidt zierte ein Gedenkkranz der Professor-Hilde-Goldschmidt-Stiftung ihr Grab. Sonst ist es still um sie geworden. Wenn nicht einige Ereignisse in Ausstellungen, Publikationen und Aktivitäten ein Blitzlicht auf ihre Persönlichkeit und ihr Werk werfen würden."
(Gert Ammann, Hilde Goldschmidt in Kitzbühel. In: Silvia Höller, Hilde Goldschmidt 1897–1980. Zwischen Kokoschka, Exil und Kitzbühel. Mit Beiträgen von Gert Ammann und Rolf Jessewitsch, Innsbruck-Wien 2005, S. 9)

Biografisches

1897: am 7. September in Leipzig geboren

1914–1933: Leipzig, Dresden, St. Peter, New York, Paris, Rom, Neapel, München
Die Präferenz für den Tanz oder die Malerei wird mit dem Eintritt in die Ballettschule der Oper in Leipzig und in die Akademie der bildenden Künste in Leipzig noch nicht entschieden, 1920 folgt der Wechsel an die Akademie der bildenden Künste in Dresden mit der Begegnung mit Oskar Kokoschka, in dessen Klasse sie mit Friedrich Karl Gotsch, Hans Meyboden und Hugo Körte zu den Meisterschülern zählt, das ist die Wende zur Malerei; die Sommermonate 1923–1932 im Nordseebad St. Peter mit Karl Friedrich Gotsch bestärken sie in der Orientierung auf die Malerei von Edvard Munch; der New York-Aufenthalt 1923 mit Gotsch und Meyboden ist nur ein Zwischenspiel. In Aufenthalten in Paris, Südfrankreich und Italien zwischen 1926 und 1928 zusammen mit Gotsch ändert sich ihre Palette. 1932 entschließt sie sich zur Übersiedlung nach München, ein Jahr später muss sie in Folge eines Schiunfalls einen siebenmonatigen Aufenthalt in Kitzbühel nehmen.

1933–1938: Kitzbühel
Auf Grund der politischen Situation in Deutschland entschließt sich Hilde Goldschmidt, in Kitzbühel zu bleiben. 1935 wird dies durch den Kauf des Hauses am Rain bekräftigt. Fast genreartige Szenen in toniger Malerei entstehen. Ihr neuer Lebensraum in den Alpen wird im Sujet spürbar.

1939–1950: London, Langdale, Lake District
Der politische Druck wächst, so dass sie 1939 nach London (zu ihrem Bruder) emigriert. Sie hält sich mit der Herstellung von Handschuhen, von Leder- und Pelzarbeiten über Wasser und übersiedelt 1942 nach Langdale, Lake District; hier begegnet sie Oskar Kokoschka, den sie später auf der Schule des Sehens in Salzburg 1954 wieder erleben wird. Auch mit Kurt Schwitters kommt sie 1947 in Langdale zusammen, wo dieser an seinem dritten Merzbau für das Museum of Modern Art in New York arbeitet. In expressivem Kolorit und formal übersteigerter Komposition erinnert sie sich in der Landschaft an die Alpen und in der Figuration an die Dresdner Zeit bei Kokoschka. Dramatische Farbklänge beherrschen das Seelenspiel der Personen: „Es sind traumhaft atmosphärische Visionen."

1950–1980: Kitzbühel
1950 kehrt Hilde Goldschmidt zurück in ihr Haus am Rain: „Klein ist die geistige Atmosphäre hier, aber groß ist die Natur, in die man eingebaut ist." Zu ihren „Spezialitäten" zählen nun

spontan gesetzte Gouachen auf Papier, oft auf Zeitungspapier: In den „Morgengebeten" spürt sie der Landschaft und der Atmosphäre der unter ihrem Atelier liegenden Bergstadt und dem meist mystisch dunklen Hängen des Hahnenkamms nach; auch mit Pastell, Ölkreiden oder in Mischtechnik entstehen diese Blätter. Diese „Morgengebete" werden zu einem Seelenspiegel von Hilde Goldschmidt. Tagebuchartig vollzieht sich darin Eindruck um Eindruck, Gefühl um Gefühl. 1974 erhält Hilde Goldschmidt vom Bundespräsidenten der Republik Österreich den Titel „Professor" verliehen.

1956–1972: Venedig, Südfrankreich, Israel
„… die Beziehungen aller einzelnen Formen und Farben, die Balance, die Kraftlinien, die Vertikale, die Horizontale, das Schwingen, Akzente, ob symmetrisch oder asymmetrisch vom Zentrum aus komponiert." Von Kitzbühel aus folgen jährliche Studienfahrten nach Venedig, 1966 unternimmt sie eine Studienreise nach Südfrankreich und 1968 nach Israel. Diese Erlebnisse lassen im Formalen eine Geometrisierung und im Kolorit eine spürbare Helligkeit wirksam werden. Auch das Porträt wird im Analysieren und in der Zusammenballung von Detailformen bestimmt.

1971–1979: Gozo
„Die Farbigkeit ist unerhört, mit dem transzendenten Licht." Jährliche Aufenthalte in Gozo (Malta) lassen einen Hauch von südlichem Empfinden wach werden, welches die gleißende Sonne in wie Skulpturen geballte Kakteen und den Sand ins Farbpigment einfließen lässt. Die Reduktion auf kuben- und flächenhafte Szenerien im vibrierenden Licht des Südens ist augenscheinlich.

1980: am 6. August in Kitzbühel gestorben

Vieles ist in der Biografie von J. P. Hodin „Spuren und Wege" aus dem Jahre 1974 nachzulesen. 1978 verfasst Elke Wagner die Dissertation am Institut für Kunstgeschichte der Leopold-Franzens-Universität in Innsbruck, schließlich erinnert Silvia Höller 2005 in einer Monografie erneut an die Malerin aus Leipzig in Kitzbühel mit vielen Briefzitaten aus dem schriftlichen Nachlass von Hilde Goldschmidt im Landesmuseum Schloss Gottorf, Schleswig, und im schriftlichen Nachlass von Oskar Kokoschka in der Handschriftenabteilung der Zentralbibliothek Zürich.

Die Professor-Hilde-Goldschmidt-Stiftung

Hilde Goldschmidt ordnet in ihrem Testament vom 31. Jänner 1979 die Errichtung einer Stiftung zur Förderung junger österreichischer oder in Österreich lebender KünstlerInnen sowie zur Pflege ihres künstlerischen Lebenswerkes an. Mit Bescheid des Amtes der Tiroler Landesregierung vom 4. Juni 1985 wird die Errichtung der Professor-Hilde-Goldschmidt-Stiftung für zulässig erklärt. Hofrat Dr. Harald Ropper von der Finanzprokuratur Wien bewirkt nach zehnjähriger Vorbereitung im Jahre 1995, die Stiftung ins Leben zu rufen. Der Stiftungszweck umfasst insbesondere die regelmäßige Vergabe des Professor-Hilde-Goldschmidt-Preises und die Unterstützung von Präsentationen, Publikationen und Dokumentationen des künstlerischen Lebenswerkes der Stifterin.

Vermögen der Stiftung
Das Vermögen der Stiftung setzt sich aus dem Stammvermögen und sieben im Eigentum der Stiftung befindlichen Werken von Friedrich Karl Gotsch, Oskar Kokoschka und Hilde Goldschmidt zusammen:
*Hilde Goldschmidt, Capri Monte Solaro, 1929, Öl auf Leinwand, 60 x 78 cm, rücks. bez.: HG 29; seit 1995 Leihgabe der Professor-Hilde-Goldschmidt-Stiftung im Tiroler Landesmuseum Ferdinandeum, Innsbruck, Kunstgeschichtliche Sammlungen, Inv.Nr. Gem 3521
*Hilde Goldschmidt, Mr. Wilson, 1943, Öl auf Leinwand, 44,3 x 34,2 cm, rücks. bez.: HG 43; seit 1995 Leihgabe der Professor-Hilde-Goldschmidt-Stiftung im Tiroler Landesmuseum Ferdinandeum, Innsbruck, Kunstgeschichtliche Sammlungen, Inv.Nr. Gem 3520
*Friedrich Karl Gotsch, Studie, 1926, Öl auf Leinwand, 60,2 x 50,1 cm, rücks. bez.: FK Gotsch 1926; seit 1995 Leihgabe der Professor-Hilde-Goldschmidt-Stiftung im Tiroler Landesmuseum Ferdinandeum, Innsbruck, Kunstgeschichtliche Sammlungen, Inv.Nr. Gem 3883
*Friedrich Karl Gotsch, Landschaft, 1930, Öl auf Leinwand, 50,5 x 98,2 cm, rücks. bez.: Zum Andenken an Deinen Vater 4.8.30 Fr. K. G.; seit 1995 Leihgabe der Professor-Hilde-Goldschmidt-Stiftung im Tiroler Landesmuseum Ferdinandeum, Innsbruck, Kunstgeschichtliche Sammlungen, Inv.Nr. Gem 3881
*Oskar Kokoschka, Variationen über ein Thema, 1921, Mappe mit 10 Lichtdrucken von Zeichnungen zu „Das Konzert", Lichtdruck, je 700 x 500 mm; seit 1995 Leihgabe der Professor-Hilde-Goldschmidt-Stiftung im Tiroler Landesmuseum Ferdinandeum, Innsbruck, Graphische Sammlungen, Inv.Nr. K 337
*Oskar Kokoschka, Küstenlandschaft, 1941, Bleistift, Farbkreide, 243 x 349 mm, bez. re. o.: OK 1941, Rückseite: Bleistiftskizze; seit 1995 Leihgabe der Professor-Hilde-Goldschmidt-Stiftung im Tiroler Landesmuseum Ferdinandeum, Innsbruck, Graphische Sammlungen, Inv.Nr. K 338

*Oskar Kokoschka, Blätterstudie, 1946, Farbstift, 275 x 375 mm, bez. re. u.: OK 1946; seit 1995 Leihgabe der Professor-Hilde-Goldschmidt-Stiftung im Tiroler Landesmuseum Ferdinandeum, Innsbruck, Graphische Sammlungen, Inv.Nr. K 339

Die beiden Gemälde „Capri Monte Solaro" aus dem Jahre 1929 und „Mr. Wilson" aus dem Jahre 1943 waren als Leihgaben der Professor-Hilde-Goldschmidt-Stiftung in der Schausammlung im Museum Kitzbühel ausgestellt und erinnerten damit stets an die „Kitzbüheler" Malerin. Nun befinden sich wieder alle Werke in Verwahrung im Tiroler Landesmuseum Ferdinandeum in Innsbruck.
Sollte bei einer eventuellen Auflösung der Stiftung die Umwandlung in einen Stiftungsfonds unmöglich sein, geht das Stiftungsvermögen auf das Tiroler Landesmuseum Ferdinandeum in Innsbruck mit der Auflage über, es soweit wie möglich im Sinne der Stifterin zu verwenden.

Der Vorstand
Auf Grund der langjährigen Bekanntschaft mit Hilde Goldschmidt wurde Gert Ammann betraut, zusammen mit Prof. Dr. Magdalena Hörmann aus Innsbruck und Prof. Edelbert Köb, Direktor des Museums Moderner Kunst Stiftung Ludwig in Wien, den Vorstand der Stiftung zu bilden. In den Vorstand kooptiert wurde als Vertreter der Familie Goldschmidt emer. Prof. Dr. Rainer Goldsmith, London.

Gedenken an die Stifterin in Ausstellungen
Das Gedenken an die Stifterin wurde in mehreren Ausstellungen nach ihrem Tod 1980, eingangs mit dem Engagement von Klaus Angerer in der Galerie Vomperbach und von Alois Wallnöfer überregional wach gehalten: 1986 wird ihrem Werk in der Wanderausstellung „Kunst im Exil in Großbritannien 1933–1945" in Berlin, Oberhausen, London und Wien gedacht. 1988 folgt eine Einzelausstellung in der BAWAG Foundation in Wien. Ihr Werk ist im 1988 eröffneten Jüdischen Museum in Rendsburg gegenwärtig. 1996/97 sind ihre Werke in die Ausstellung „Oskar Kokoschka und Dresden" in Dresden und in der Österreichischen Galerie Belvedere in Wien eingebunden. Vom Museum Kitzbühel und der Professor-Hilde-Goldschmidt-Stiftung wird 1999 ein gültiger Querschnitt über ihr gesamtes Schaffen in einer großen Ausstellung im Museum Kitzbühel mit Werken aus dem Bestand des Tiroler Landesmuseums Ferdinandeum, der Professor-Hilde-Goldschmidt-Stiftung und aus Privatbesitz gezeigt. Anlässlich der Verleihung des Professor-Hilde-Goldschmidt-Preises 2004 sind in einer Präsentation im Foyer im Tiroler Landesmuseum Ferdinandeum Werke aus dem Bestand des Ferdinandeums ausgestellt. Die Ausstellung auf der RLB-Kunstbrücke (der Raiffeisen Landesbank Tirol in Innsbruck) 2005 ist ein weiterer Meilenstein im Geden-

ken an die Malerin Hilde Goldschmidt. Diese Ausstellung und die Herausgabe des Katalogbuches von Silvia Höller darf von der Professor-Hilde-Goldschmidt-Stiftung benützt werden, um auf den Stiftungsauftrag aufmerksam zu machen. Dem Vorstand der Raiffeisen Landesbank Tirol AG und der künstlerischen Leiterin der RLB-Arts, Mag. Silvia Höller, sei für dieses Engagement auch im Sinne der Professor-Hilde-Goldschmidt-Stiftung aufrichtig gedankt.

Professor-Hilde-Goldschmidt-Preis

Über die Vergabe des Professor-Hilde-Goldschmidt-Preises entscheidet eine Jury, welche aus den drei Vorstandsmitgliedern sowie weiteren zwei Experten aus dem In- oder Ausland besteht. Jedes Mitglied der Jury hat die Möglichkeit, zwei Künstlerinnen und Künstler zu nominieren. Die Entscheidung über die Zuerkennung des Preises fällt in Jurysitzungen, unter Anwesenheit aller Mitglieder. Die Höhe des Preises bestimmt Jahr für Jahr der Vorstand. Es obliegt ihm auch die Möglichkeit, einen Anerkennungspreis oder ein Stipendium zu vergeben. Die Zuerkennung des Preises ist an das Alter des Künstlers oder der Künstlerin unter vierzig Jahren gebunden. Die Vergabe erfolgt im Rahmen einer öffentlich zugänglichen Festveranstaltung, vorerst im Museum Kitzbühel bzw. Rathaussaal Kitzbühel, seit 2003 im Tiroler Landesmuseum Ferdinandeum in Innsbruck, seit 2011 wieder in Kitzbühel.

Die Preisträger 1997–2009
Zum ersten Male wird der Professor-Hilde-Goldschmidt-Preis für das Jahr 1997 an das Künstlerteam Dejanov & Heger (Plamen Dejanov und Swetlana Heger) vergeben. 1998 geht er an Rainer Ganahl, 1999 an Dorit Margreiter, 2000 an Jun Yang, 2001 an Hans Schabus, 2002 an Uli Aigner, 2003 an Florian Pumhösl, 2004 an Marko Lulic, 2005 an Markus Schinwald, 2006 an Susanne Jirkuff, 2008 an Andreas Fogarasi und 2009 an Anna Artaker. Anerkennungspreise erhalten 1998 Anita Leisz, 1999 Thomas Feuerstein, 2000 Anna Jermolaewa und 2002 Peter Niedertscheider, ein Stipendium geht 2003 an Stefan Sandner und 2004 an Peter Senoner.
Ausschlaggebend für die Preiszuerkennung ist die innovative, experimentelle, klar positionierte künstlerische Aussage, die bereits in Ausstellungen und Katalogdokumentationen belegte Anerkennung im In- und Ausland sowie zukünftige Entwicklungsmöglichkeiten. Dies spiegelt sich bisher in den Positionen aller PreisträgerInnen wider, so etwa auch bei Hans Schabus und Dorit Margreiter, die Österreich auf der Biennale von Venedig 2005 bzw. 2009 offiziell vertreten, bei Florian Pumhösl als Vertreter auf der documenta XII in Kassel oder bei Uli Aigner, die sich 2004 in einer großen Personale im Lentos Kunstmuseum Linz präsentiert.

Die Jury zum Professor-Hilde-Goldschmidt-Preis
Der Jury der Jahre von 1997 bis 2000 gehören neben den drei Vorstandsmitgliedern
Mag. Andreas Spiegl vom Institut für Gegenwartskunst an der Akademie der bildenden
Künste in Wien und lic. phil. Roland Wäspe, Direktor des Kunstmuseums St. Gallen,
der Jury der Jahre von 2001 bis 2009 Dr. Maria Rennhofer vom Österreichischen Rundfunk
Wien und Dr. Martin Hochleitner, Leiter der Landesgalerie Linz am Oberösterreichischen
Landesmuseum, an.

Dokumentation „Professor-Hilde-Goldschmidt-Preis 1997–2009"

Die vorliegende Dokumentation ist ein willkommener Anlass, Rechenschaft über das
Hauptanliegen der Professor-Hilde-Goldschmidt-Stiftung zu geben und gleichzeitig mit der
Verleihung des Professor-Hilde-Goldschmidt-Preises 2009 an Anna Artaker zu bekunden,
dem Stiftungszweck weiterhin gerecht zu werden.
Der Vorstand bedankt sich vor allem bei Dr. Gabriele Hofer für die Recherchen und die
Texte zur Dokumentation, bei Dr. Martin Hochleitner und Prof. Edelbert Köb für das
die Aspekte des Preises würdigende Vorwort, und bei Prof. Dorit Margreiter für das Layout
des Dokumentationsbandes.

Die Stadtgemeinde Kitzbühel mit ihrem Bürgermeister Dr. Klaus Winkler hat dankenswerterweise eine großzügige Förderung für die Drucklegung dieser Dokumentation bereitgestellt. Ebenso hat die Volksbank Tirol Innsbruck-Schwaz AG, Filiale Kitzbühel, mit Erich
Scharf, Abteilung Vermögens- und Finanzplanung, der seit Beginn an die Professor-Hilde-Goldschmidt-Stiftung betreut, einen Beitrag zur Drucklegung zur Verfügung gestellt. Beiden Institutionen dankt der Stiftungsvorstand sehr herzlich.

Gert Ammann
Vorsitzender des Vorstandes der Professor-Hilde-Goldschmidt-Stiftung

**Professor-Hilde-Goldschmidt-Preis
1997–2009**

PreisträgerInnen
1997	Dejanov & Heger		Anerkennungspreise	
1998	Rainer Ganahl		1998	Anita Leisz
1999	Dorit Margreiter		1999	Thomas Feuerstein
2000	Jun Yang		2000	Anna Jermolaewa
2001	Hans Schabus		2002	Peter Niedertscheider
2002	Uli Aigner			
2003	Florian Pumhösl		Stipendien	
2004	Marko Lulic		2003	Stefan Sandner
2005	Markus Schinwald		2004	Peter Senoner
2006	Susanne Jirkuff			
2008	Andreas Fogarasi			
2009	Anna Artaker			

Vorstand der Professor-Hilde-Goldschmidt-Stiftung
Dr. Gert Ammann, Völs
Dr. Magdalena Hörmann, Innsbruck
Prof. Edelbert Köb, Museum Moderner Kunst Stiftung Ludwig Wien
Kooptiert: Prof. Rainer Goldsmith, London

Jury 1997–2000
Dr. Gert Ammann, Dr. Magdalena Hörmann, Prof. Edelbert Köb (für den Vorstand)
Mag. Andreas Spiegl, Institut für Gegenwartskunst, Akademie der bildenden Künste Wien
Lic. phil. Roland Wäspe, Kunstmuseum St. Gallen

Jury 2001–2009
Dr. Gert Ammann, Dr. Magdalena Hörmann, Prof. Edelbert Köb (für den Vorstand)
Dr. Martin Hochleitner, Landesgalerie Linz am OÖ. Landesmuseum, Linz
Dr. Maria Rennhofer, ORF – Österreichischer Rundfunk, Wien

Dejanov & Heger

Dejanov & Heger
Quite Normal Luxury (www.bmw.com), 2000
Aluminium und Auto Lack, 400 x 30 x 5 cm, Unikat
Courtesy Sammlung Neumann Wien

Als Künstlerteam widmeten sich Swetlana Heger und Plamen Dejanov zwischen 1994 und 2001 einer radikalen Auslotung der porösen Grenzen zwischen Kunst und Ökonomie. Im Mittelpunkt ihrer Projekte stand das reale Verhandeln ökonomischer Prozesse: die Vermietung von Ausstellungsflächen, der An- und Verkauf von Kunst- und Designobjekten, die Vermarktung der eigenen Arbeitskraft, die Erzielung von Einnahmen und deren Investition in zukünftige Projekte. Mit der konzeptuellen Verschränkung des Betriebssystems Kunst mit Strategien des kapitalistischen Wirtschaftssystems zielten „Dejanov & Heger" auf eine Reflexion der kontextuellen Bedingungen dieser – ideologisch konträren, faktisch jedoch untrennbaren – Systeme und die Offenlegung ihrer Funktionszusammenhänge. Dabei stellten sie den Fetischcharakter von Kunstwerken ebenso in Frage wie den Subjektcharakter des Künstlers und die zunehmende Kommerzialisierung des Kunstbetriebs.

Unabhängig von einander entwickeln beide seit 2001 eigenständige Œuvres, die in je spezifischer Weise die Untersuchung inhaltlicher und ästhetischer Facetten des Themenkomplexes „Kunst, Kommunikation und Marktmechanismen" weiterführen. Swetlana Heger bedient sich hauptsächlich des Mediums Fotografie. Sie thematisiert Fragen nach (künstlerischer) Identität, Individualität und Authentizität in einer hyperästhetisierten, konsumorientierten Massengesellschaft. Plamen Dejanoff – er änderte nach Beedigung der Zusammenarbeit mit Heger die Schreibweise seines Namens – verfolgt in komplexen Langzeitprojekten eine Aufhebung der Grenzen zwischen seiner Lebensführung als Künstler, Privatmann und Wirtschaftssubjekt und thematisiert damit affirmativ die Deckungsgleichheit von Ökonomie und künstlerischer Praxis.

Gabriele Hofer

Plamen Dejanoff
Planets of Comparsion, 2006
Ausstellungsansicht, MUMOK Museum Moderner Kunst Stiftung Ludwig Wien, 2006

Swetlana Heger
99 Years (1m² of a Castle to Lease), 2007–2106
Pigmentprint auf Chrome de luxe Papier, lackierter Rahmen, MDF lackiert
Zabludowicz Collection, London
Courtesy COMA Berlin

Rainer Ganahl

Rainer Ganahl
The Apprentice in the Sun – Bicycling Bucharest, 2006
Videostill, DVD, 22 min, Edition of 10

Seine kommunikationsbezogene künstlerische Praxis, in deren Zentrum der mühsame und zeitaufwändige Prozess des Erlernens fremder Sprachen steht, will Rainer Ganahl – im Sinne einer permanenten Erweiterung des Kunstbegriffs – als Kulturarbeit verstanden wissen. In strategischer Weise hat er die grundlegenden kulturellen Praktiken des Sprechens, Lesens, Lernens und Lehrens zum Kern seiner an Austauschprozessen interessierten künstlerischen Methode erklärt: Die Auseinandersetzung mit exotischen Sprachen (Japanisch, Koreanisch, Neugriechisch, Chinesisch, Arabisch) und seltenen Dialekten (Vorarlberger Idiome, Plattdeutsch) – im Selbstversuch, in Diskussionsrunden oder Interviews – ist für den konzeptionell arbeitenden Künstler stets Ausgangspunkt einer kritischen Hinterfragung gesamtkultureller Phänomene und ihrer politischen, ideologischen, technologischen und ökonomischen Implikationen. Seit den frühen 1990er Jahren setzt sich Rainer Ganahl in zahlreichen Projekten mit Sprache in ihrem komplexen Zusammenhang mit Bildung und Erziehung, Wissenschaft und Theorievermittlung, individueller und kollektiver Erinnerung, medialer Information und Manipulation, politischen Machtmechanismen, globalen Umbrüchen und Krieg auseinander. Eine analytisch-reflexive Haltung gegenüber Repräsentationspolitik zieht sich wie ein roter Faden durch das künstlerische Werk Rainer Ganahls, der konsequenterweise, wie er selbst meint, „indexikalisch operierende Repräsentationsformen" bevorzugt. Er besucht wissenschaftliche Vorträge und fotografiert TheoretikerInnen (*Seminars/Lectures*), organisiert Leseseminare (*Imported – A Reading Seminar*), praktiziert und dokumentiert Vor-Ort-Sprachstudien als symbolische Interventionen in soziokulturellen Feldern, verschickt Postkarten (*Please, teach me …*) und realisiert Ausstellungsprojekte, in denen er Malereien, Zeichnungen, Textinstallationen, Fotografien, Videoarbeiten und skulpturale Objekte zu vielschichtigen Bedeutungsgefügen verzahnt, die zu einer differenzierten Wahrnehmung von Vorurteilsstrukturen auffordern.

Gabriele Hofer

Rainer Ganahl
Seminar/Lecture: Richard Prince, Thomas Crow, Wayne Koestenbaum,
Robert Nickas, Scott Rothkopf, and Dorothea von Hantelmann,
moderators: Jack Bankowsky and Alison M. Gingeras
The Worst of Warhol: Panel Discussion, The Guggenheim Museum, New York, 10/23/2007
Farbfotografie, 51 x 61 cm, Edition of 4

Rainer Ganahl
DADALENIN, 2007
Bronze, ca. 120 x 30 x 7 cm

Dorit Margreiter

Dorit Margreiter
Exquisite Function, HDCam, 11 min, 2007
Videostill
Courtesy Krobath Wien | Berlin und Stampa, Basel

Seit den frühen 1990er Jahren verfolgt Dorit Margreiter in ihrer künstlerischen Arbeit komplexe Fragestellungen nach dem Zusammenhang zwischen (privatem/öffentlichem, realem/fiktivem, projiziertem/imaginiertem) Raum und (Massen-)Medien unter Einbeziehung architektonischer, soziokultureller und historischer Dimensionen. Zentraler Ausgangspunkt ihrer kritischen Untersuchungen ist die Wirkungsmächtigkeit audiovisueller Medien – und ihrer vor- wie nachgelagerten Produktions- wie Reproduktionsindustrien – auf die Konstruktion sozialer Raumvorstellungen, gesellschaftlicher Leitbilder, individueller Wünsche und kultureller, geschlechtlicher wie ethnischer Identitäten. Inhaltlich setzt sich die Künstlerin immer wieder mit modellhaften wie baulich realisierten Architektur- und Designkonzepten der Moderne bzw. Postmoderne auseinander, so etwa mit dem Case Study House Nr. 22 von Pierre König (*Everyday Life*) oder dem 1963 erbauten Sheats-Goldstein-Haus von John Lautner (*10104 Angelo View Drive*). In präzise konzipierten Raum-, Film- und Videoinstallationen verknüpft Dorit Margreiter die sozialen und ideologischen Implikationen dieser architektonischen Räume mit den Bedingungen ihrer medialen Repräsentation in Kino und Fernsehen. Die Künstlerin bedient sich dabei sowohl dokumentaristischer wie fiktionaler Elemente, narrativer wie analytischer Strukturen und zielt – nicht zuletzt mittels subtil inszenierter Ausstellungsdisplays – auf eine (selbst-)reflexive Diskussion medialer Darstellungskonventionen, Produktionslogiken und Wahrnehmungsschemata.

Gabriele Hofer

links:
Dorit Margreiter
Pavilion, 35mm, 8 min, 2009
Filmstill
Courtesy Krobath Wien | Berlin und Stampa, Basel

rechts:
Dorit Margreiter
zentrum, seit 2004
Installationsansicht MAK Center, Los Angeles 2009
Foto: Joshua White
Courtesy Krobath Wien | Berlin und Stampa, Basel

analog

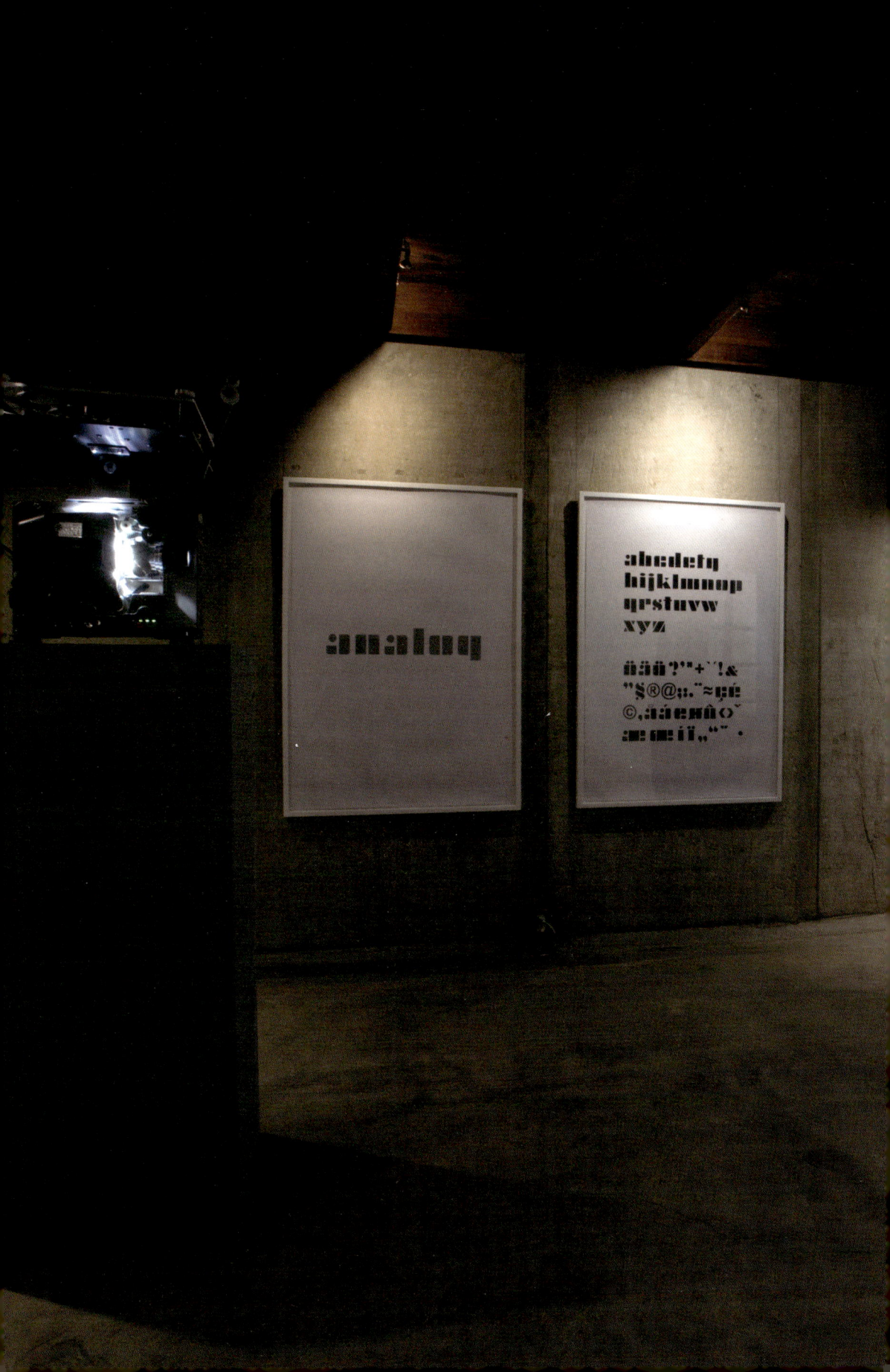

abcdefg
hijklmnop
qrstuvw
xyz

Jun Yang

Jun Yang
A better tomorrow, 2006
Holzwände, Neoninstallation, Flatscreen, DVD, Hocker
Courtesy Galerie Martin Janda, Wien

Sehr konsequent setzt sich Jun Yang in seinem Werk mit Fragen kultureller Differenzen und Überschneidungen auseinander und berührt damit ganz konkrete gesellschaftspolitische Problemfelder einer ökonomisch zunehmend globalisierten, pluralistischen Welt. Die Arbeiten des in China geborenen und in Österreich aufgewachsenen Künstlers sind stark von persönlichen Erfahrungen geprägt. Vor allem sein Frühwerk weist immer wieder autobiografisch-narrative Elemente auf, die analytisch-reflexiv mit allgemeingültigen Fragestellungen zum Verhältnis von Migration und Identität verwoben werden. In formal klar strukturierten Installationen, die aus Video-, Text-, Bild- und Raumelementen bestehen, verhandelt der Künstler auf vielfältige Weise Themenkomplexe rund um Zugehörigkeit und Fremdsein im Spannungsfeld kultureller, individueller und nationaler Identitäten. Kritisch – und mitunter ironisch – hinterfragt wird dabei nicht nur deren hybride, artifizielle Beschaffenheit. Vor allem der Einfluss massenmedial erzeugter Bilder und Klischees auf die Konstruktion von Identitäten steht bei Jun Yang immer wieder im Zentrum differenzierter künstlerischer Reflexion.

Gabriele Hofer

links:
Jun Yang
HERO - this is WE, 2005
Videostills
2-Kanal Projektion, 35 min

rechts:
Jun Yang
where I was born, 2003
Neoninstallation, Plotterfolie
Courtesy Galerie Martin Janda, Wien

Y: ist es nicht schön da draußen?
J: hmm... sieht eigentlich genau so aus, wie dort, wo ich
geboren bin... wenn ich so daran denke: - hätten meine eltern
mir es gesagt - könnte ich genau so gut von hier sein - kann
mich doch nicht mehr daran erinnern - es macht auch keinen
unterschied - irgendeine künstliche verbindung - oder
zugehörigkeitsgefühl...

Hans Schabus

Hans Schabus
Das letzte Land, 2005
Holz, Teerpappe, Sandsäcke, Feuchtraumleuchten, Feuerlöscher, 17,54 x 39,84 x 38,72 m
Österreichischer Pavillon, La Biennale di Venezia, 2005
Foto: Bruno Klomfar
Courtesy Hans Schabus und Engholm Engelhorn Galerie

Eine analytische, stets ins Transformativ-Prozessuale mündende Auseinandersetzung mit Raum und je spezifischem Ort steht im Zentrum der künstlerischen Praxis von Hans Schabus, wobei Raum und darin stattfindende (Fort-)Bewegung als skulpturales Rohmaterial begriffen werden. Ausgangsort und Bezugspunkt seiner komplexen Untersuchungen, die in vielschichtigen multimedialen Installationen kulminieren, ist immer wieder das Atelier des Künstlers selbst, womit Fragen nach dem Raum künstlerischen Handelns sowie die Rolle des Künstlers darin subjektiv reflektiert sind. Hans Schabus arbeitet konsequent konzeptuell: Die Erschließung ortsspezifischer Kontexte, die mit fiktiven Daten, Assoziationen, persönlichen Erinnerungs- wie Erfahrungsmomenten verschränkt werden, ist integrativer Teil seiner Projekte. Eine vermeintliche Neutralität des White Cube wird somit untergraben, dekonstruiert. Die Aneignung zu bespielender Ausstellungsräume beginnt – wie bei *Astronaut (komme gleich)*, *Das Rendezvousproblem* oder *Das letzte Land* – mit akribischen Recherchen zu historischen, funktionalen und geografischen Konnotationen, die den jeweiligen Ort prägen, und gipfelt – sinnlich erfahrbar gemacht – in einer mitunter radikalen Umdeutung, Neuformulierung und Enthierarchisierung von Raumgefügen und Bewegungsabläufen. Hans Schabus verhandelt das Thema physischer und psychischer Raumerfahrung immer wieder neu, indem er komplexe Bedeutungszusammenhänge kreiert und installative Versuchsanordnungen schafft, die von einem existentiellen körperlichen Zugang zu Räumen geprägt sind.

Gabriele Hofer

Hans Schabus
Atelier, 2003
Bierkisten, Stellwände, Holz, Wellpappe, 4,12 x 13,58 x 25,12 m
Ausstellung: Astronaut (komme gleich), Secession, Wien, 2003
Foto: Matthias Herrmann
Courtesy Hans Schabus und Engholm Engelhorn Galerie

Hans Schabus
Song of Most, Song of All, 2004
Diverse Boote
Ausstellung: Das Rendezvousproblem, Kunsthaus Bregenz, 2004
Foto: Markus Tretter
Courtesy Hans Schabus und Engholm Engelhorn Galerie

Uli Aigner

Uli Aigner
Ghost Akademie
Deutschland 2005, 5 Std. 30 min, DVCam, Farbe, Stereo
Kamera und Schnitt: Michal Kosakowski

Das sich einer vorschnellen Etikettierung entziehende Werk Uli Aigners kreist um Fragestellungen nach gesellschaftlicher Verantwortung und politischer Wachsamkeit an den prekären Schnittstellen von Privatsphäre und Öffentlichkeit. Konsequent bezieht die Künstlerin ihre eigene alltägliche Lebenswelt und ihre sozialen Beziehungen als zentralen Faktor in ihre Werkkonzeption mit ein, ohne aber autobiografisch zu arbeiten. Seit den frühen 1990er Jahren verfolgt sie einen analytischen, system- bzw. institutionskritischen Ansatz, der beharrlich auf Subjektivität ausgerichtet ist. Uli Aigners künstlerische Praxis ist gekennzeichnet von dem Bestreben, immer wieder spezifische Produktionsrealitäten zu schaffen, die sich aus ihrer gegenwärtigen Lebenswirklichkeit ableiten. Entsprechend vielfältig gestaltet sich auch der Medieneinsatz der Künstlerin: Ihr Werk umfasst u. a. Performances und Installationen, Fotografien, Textarbeiten, Filme, Videos, Computeranimationen, Collagen, Skulpturen und Zeichnungen. In neueren Arbeiten setzt sich Uli Aigner mit dem komplex konnotierten Sozial- und Beziehungskonstrukt „Familie" auseinander (*Keimzelle des Staates*) und hinterfragt die herrschenden Verhältnisse akademischer bzw. universitärer Kunstausbildung, indem sie Modelle alternativer Vermittlungs- und Handlungsstrategien erprobt (*ghostAkademie*).

Gabriele Hofer

links:
Uli Aigner
Keimzelle des Staates, 2004/2005
Ausstellungsansicht, Lentos Kunstmuseum Linz, 2004/2005
Foto: Wolfgang Thaler

rechts:
Uli Aigner
Manfred, 2007
Buntstifte auf Papier, 180 x 130 cm
Ausstellung: Loveship, Galerie Haydee Rovirosa, New York, 2007
Foto: Uli Aigner

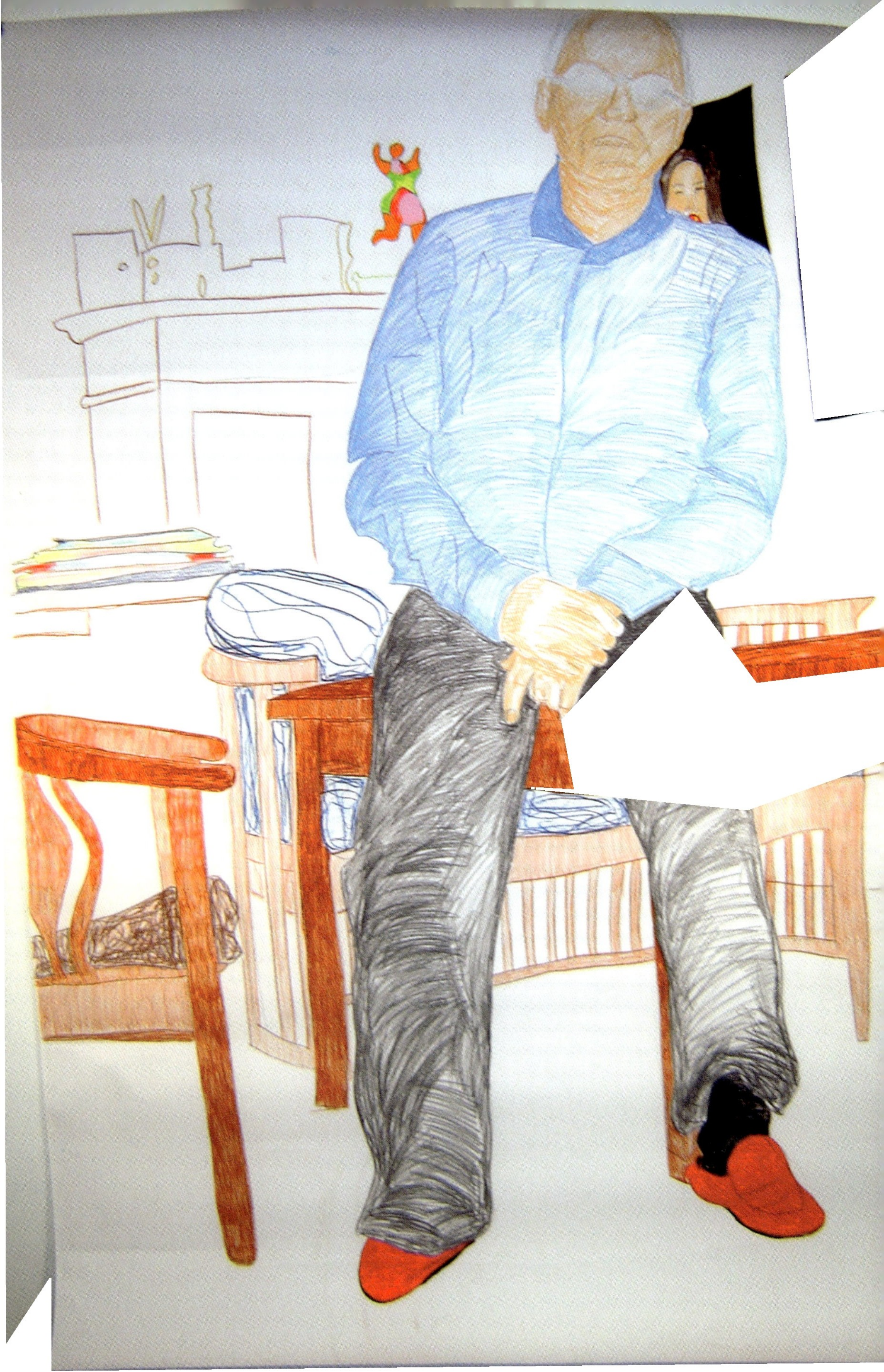

Florian Pumhösl

Florian Pumhösl
Modernologie (Dreieckiges Atelier), 2007
Installationsansicht, documenta 12, Kassel
© Florian Pumhösl, Foto: Roman März
Courtesy Krobath Wien | Berlin, Galerie Daniel Buchholz

Das Formenvokabular der Moderne im Hinblick auf Fragen politischer, ökonomischer und soziokultureller Repräsentation ist seit Mitte der 1990er Jahre zentraler Ausgangspunkt künstlerischer und theoretischer Analysen Florian Pumhösls. Sein Hauptinteresse gilt dabei den Widersprüchlichkeiten und Transformationen eines vermeintlich universalistischen, hegemonialen Modernismusbegriffs. Exemplarisch verhandelt werden dessen Brüche und Verschiebungen, indem der Künstler innerhalb komplexer Referenzsysteme z. B. die Ansprüche und das Scheitern alternativer, sozialreformerischer Designentwürfe der 1960er und 1970er Jahre (*On or off earth*), die Entwicklung spezifischer Architektursprachen im Zusammenhang mit Modernisierungsprozessen in postkolonialen Weltregionen (*Humanistische und ökologische Republik*; *Lac Mantasoa*) oder, wie auf der documenta 12, Austauschverhältnisse zwischen deutscher, russischer und japanischer Avantgarde der Zwischenkriegszeit thematisiert. Äußerst präzise komponiert Florian Pumhösl aus Modellen, maßstabsgetreuen Rekonstruktionen, architektonischen Versatzstücken, Raumelementen, Objekten, Videoprojektionen und anderen Bildträgern Installationen von strikter formaler Bestimmtheit, wobei er seine Vorgangsweise nicht als sitespezifisch, sondern als systemspezifisch verstanden wissen will. Damit sei der Modellcharakter seiner Themen und Arbeiten betont, die weniger in spezifische Ausstellungsräume eingreifen als vielmehr räumliche wie mediale Manifestationen modernistischer Konzepte untersuchen und dabei stets in selbstreflexiver Weise das Format Ausstellung kritisch mitdenken. Durch subtil gesetzte Zitate, Querverweise und Rekontextualisierungen gelingt es Florian Pumhösl neue Reflexionsprozesse über ästhetische wie ideologische Aspekte der Moderne und deren Präsentationsformen anzuregen.

Gabriele Hofer

links:
Florian Pumhösl
Humanistische und Ökologische Republik und Lac Mantasoa, 2000
Ausstellungsansicht, Secession, Wien, 2000
© Florian Pumhösl, Foto: Matthias Herrmann
Courtesy Secession

rechts:
Florian Pumhösl
Animated Map, 2005
Einkanal-Filminstallation, 16mm, Farbe, 4.20 min, Loop, ohne Ton
Ausstellungsansicht, Neue Kunsthalle St. Gallen, 2005
© Florian Pumhösl, Foto: Hannes Böck
Courtesy Krobath Wien | Berlin, Galerie Daniel Buchholz

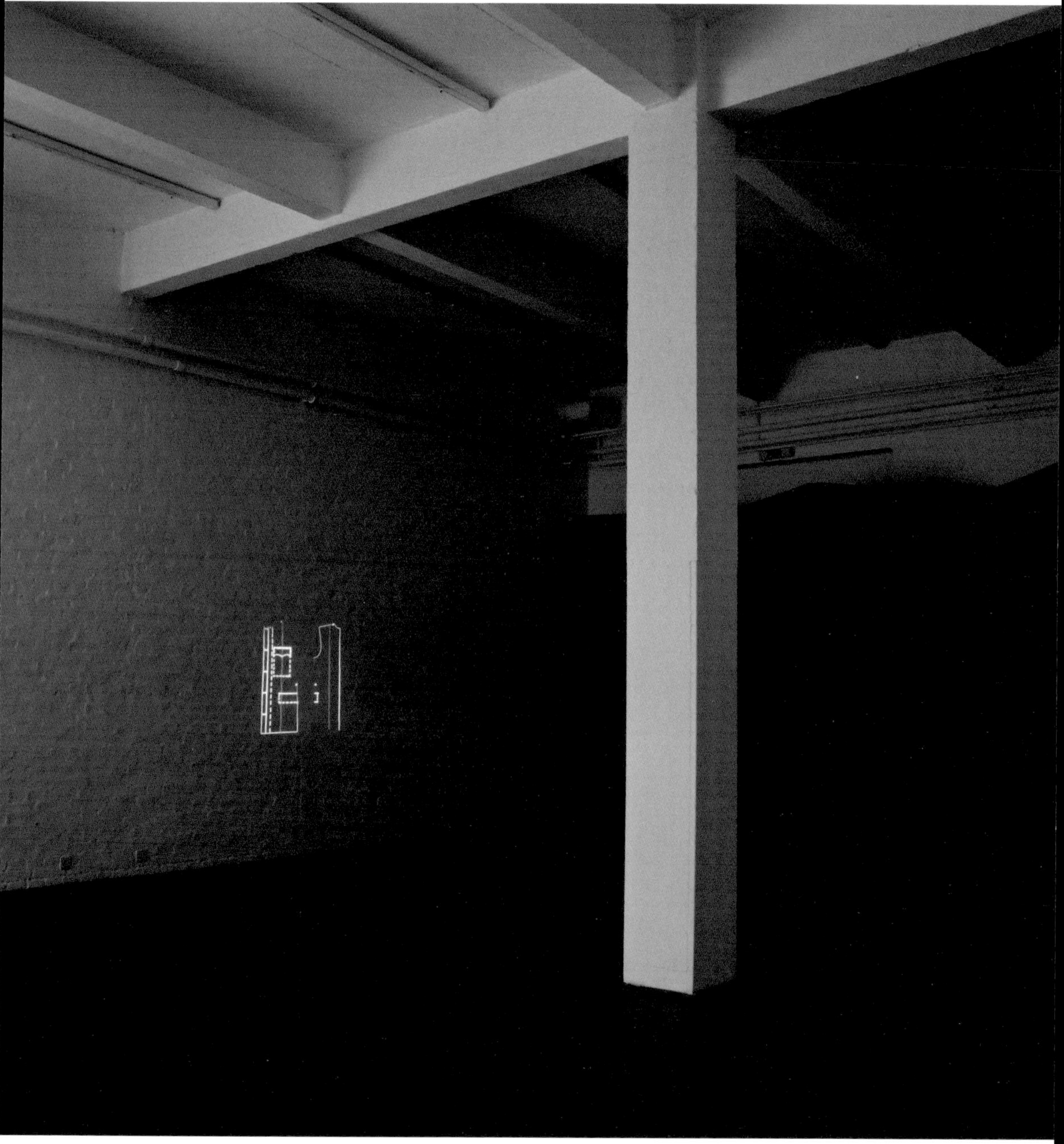

Marko Lulic

Marko Lulic
Hart und Weich Nr. 2, 2002
Pressspanplatte, Holz, Lack, 540 x 840 x 80 cm
Ausstellung: Durch weichen Beton, Grazer Kunstverein, Graz, 2002
Foto: Susanne Stadler
Courtesy Grazer Kunstverein, Gabriele Senn Galerie, Wien und Marko Lulic

Im Kern des künstlerischen Schaffens von Marko Lulic steht eine kritische, ironisch-distanzierte Auseinandersetzung mit den komplexen Zusammenhängen von Ideologie, Politik, Mythenbildung und künstlerischer bzw. industrieller Formgebung modernistischer Prägung. Sein besonderes Interesse gilt dabei Fragestellungen, die Raum und Architektur, Design und Alltagskultur in Verbindung mit zeitgenössischen (historischen) wie aktuellen (heutigen) Rezeptions- und Wirkungsaspekten betreffen. Dem Künstler geht es in der konzeptionellen Ausrichtung seiner Werke stets darum, Brüche, Verschiebungen und Widersprüchlichkeiten freizulegen. Mit diesem Impetus untersucht er u. a. die Formensprache der Moderne im ehemals kommunistischen Jugoslawien auf ihren ideologisch-utopistischen Gehalt und ihre Wechselwirkung mit westlich-kapitalistischer Kultur (*Modernity in YU*; *Ein amerikanisches Geschenk*; *Durch weichen Beton*), analysiert Skulpturen und Denkmäler der künstlerischen Avantgarde der Zwischenkriegszeit hinsichtlich biografischer und ästhetischer (Dis-)Kontinuitäten über die Zeit des Nationalsozialismus hinaus (*Entertainment Center Mies*), oder thematisiert zukunftsweisende Architekturkonzepte der amerikanischen Moderne und ihre gesellschaftspolitischen wie ökonomischen Implikationen. Marko Lulics künstlerische Methode entspricht jener der Dekonstruktion: Durch Form-, Farb-, Material, Maßstabs- und Kontextveränderungen eignet er sich die Objekte seiner ästhetischen Analysen – z. B. Partisanendenkmäler oder das „Frey Haus I", das zum *Lulic House Nr. 1 (Weekend Utopia)* wird – an, um sie als modellhafte oder begehbare Skulpturen in ihrem Bedeutungsgehalt zu relativieren. Marko Lulics Rauminstallationen, die Videos, Fotografien, Zeichnungen, Textarbeiten, typografische Elemente und Objekte umfassen, bergen stets auch Störfaktoren, die in ebenso provokanter wie reflexiver Weise neue Sinn- und Diskurszusammenhänge generieren.

Gabriele Hofer

links:
Marko Lulic
Pressspanplatten für den Frieden, 2007
Ausstellungsansicht, Kunstverein Heilbronn, 2007
Foto: Alister Overbruck
Courtesy Kunstverein Heilbronn, Gabriele Senn Galerie, Wien und Marko Lulic

rechts:
Marko Lulic
Unsocial Sculpture, 2007
Ausstellungsansicht, Douglas F. Cooley Memorial Art Gallery Reed College, Portland
Foto: Marko Lulic
Courtesy Douglas F. Cooley Memorial Art Gallery Reed College, Portland, Gabriele Senn Galerie, Wien und Marko Lulic

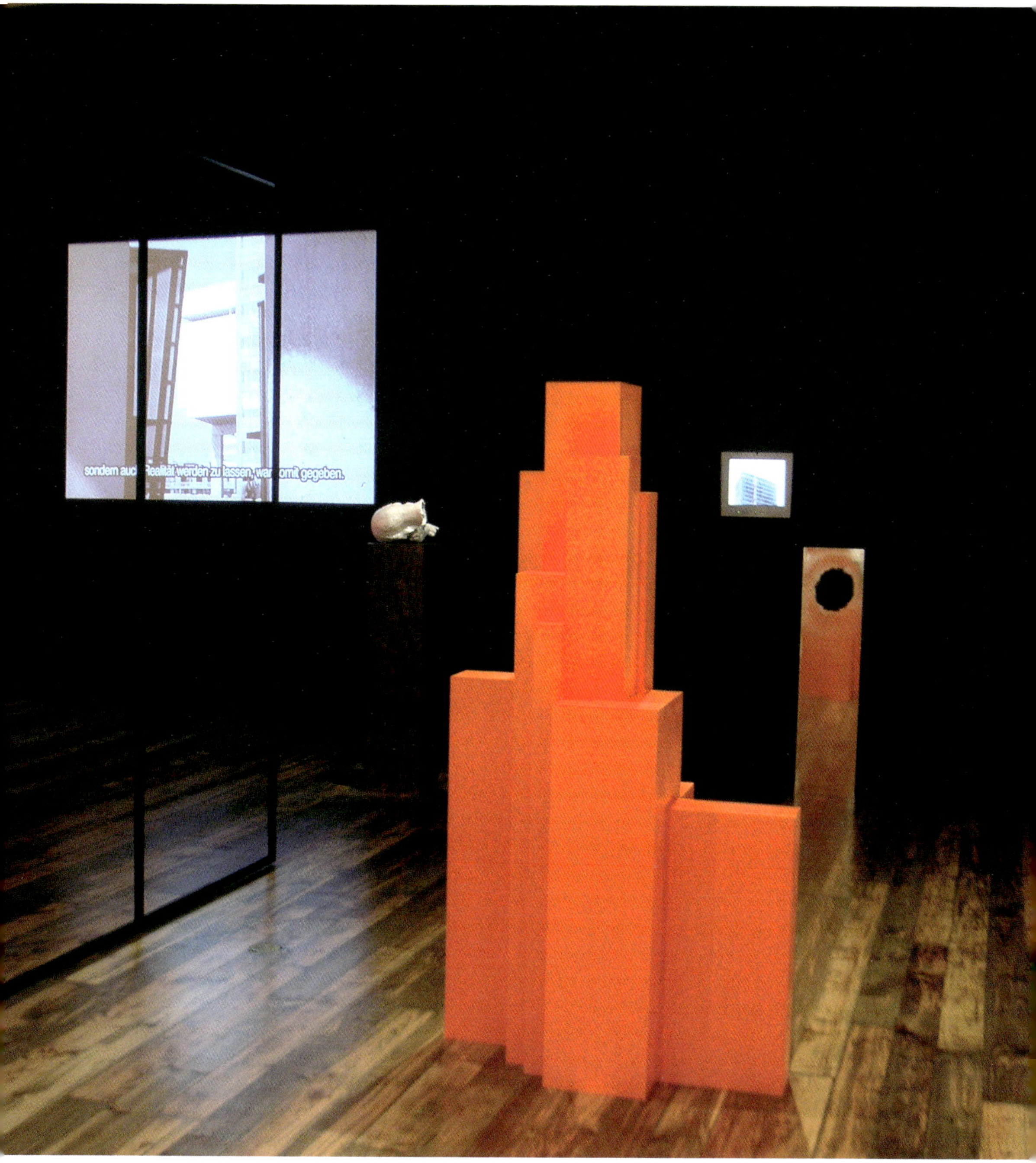
sondern auch Realität werden zu lassen, war somit gegeben.

Markus Schinwald

Markus Schinwald
Diarios (to you)#12, 2003
SW-Fotografie, ed. 5, 25 x 60 cm
Courtesy Georg Kargl Fine Arts, Wien

Der menschliche Körper im Spannungsfeld seiner unsausweichlichen kulturellen Konditionierung und psychischen Determiniertheit steht im Zentrum der künstlerischen Auseinandersetzungen Markus Schinwalds. Bereits seine frühen Arbeiten – Kleidungsstücke und Schuhobjekte, die in ihrer Materialität und Funktionalität ebenso subtil wie bizarr verfremdet sind – zeugen von einem pointierten künstlerischen Interesse am „Phantasma des Körpers als einem Phänomen der Kulturgeschichte" (Reinhard Braun). Dabei handeln Markus Schinwalds Arbeiten, die immer wieder Prothesen, Stützapparaturen und andere den Körper einengende und in absonderliche Posen zwingende Elemente aufweisen, stets von tiefgreifenden Irritationen im Wechselspiel individuell-psychischer und soziokulturell-konstruierter Verfasstheit von Körperlichkeit. Themenbereiche wie Psychoanalyse, Populärkultur, Mode, Werbung, Kino, Literatur, Theater, Geschichte und Mythos stellen wesentliche Inspirationsquellen und Bezugspunkte dar, die Markus Schinwald ästhetisch äußerst souverän zu transformieren weiß. Über Genre- und Epochegrenzen hinweg kreiert er subversiv-verstörende Bildwelten und Environments. Seine präzise inszenierten Fotografien, Filme, Manipulationen alter Kunstwerke, Marionetten und Rauminterventionen zielen darauf ab, die meist unterschwelligen psychischen Dilemmata des Menschen im 21. Jahrhundert aufzuwerfen und zum Teil auch physisch nachvollziehbar zu machen.

Gabriele Hofer

Markus Schinwald
Dictio pii, 2001/2002
Duratrans mounted on mirror, ed. 5, je 27 x 60 cm
Courtesy Georg Kargl Fine Arts, Wien

Markus Schinwald
Ten in love, 2006
Duratrans mounted on mirror, ed. 5, je 27 x 60 cm
Courtesy Georg Kargl Fine Arts, Wien

Susanne Jirkuff

Susanne Jirkuff
In my Solitude, City, 2007
Marker auf Papier, 35,6 x 43,2 cm

Die Austauschbarkeit peripherer Stadträume und suburbaner Architektur, ihre mediale Transformation, individuelle Wahrnehmung und psychologische Wirkung sind zentrale thematische Ansatzpunkte der künstlerischen Arbeit Susanne Jirkuffs. Dabei interessiert sich die Künstlerin vor allem für die Bewältigungsstrategien und Geschichten der Menschen, die in diesen anonymen Orten leben, für Identitätskonstruktionen im Spannungsfeld zwischen Lebensrealität und massenmedialer Fiktion. In stilistisch an Comics und Videoclips erinnernden Computeranimationen verdichtet Susanne Jirkuff gesammeltes Bild-, Text- und Tonmaterial aus Tageszeitungen, Magazinen und dem Fernsehen zu subjektiven Reflexionen über die alltägliche Flut globaler Medienbilder. Die Handzeichnung – in Filzstift ausgeführt – fungiert dabei als Medium der Aneignung. Mit ihrem stringent konzipierten Werk, das neben Zeichnungen und Videoanimationen auch Fotografien umfasst, zielt die Künstlerin darauf ab, der Manipulation durch Bilder eigene Manipulationen entgegenzusetzen, Medienschemata zu dekonstruieren und somit neue Aufmerksamkeiten zu schaffen.

Gabriele Hofer

links:
Susanne Jirkuff
Eat My Goal, 2002
Videostill, Music Video, Song: Collapsed Lung, 3,20 min

rechts:
Susanne Jirkuff
Portraits, 2003–2006
Filzstifte und Marker auf Papier
Bearbeitetes Photoshop-Dokument, 2007

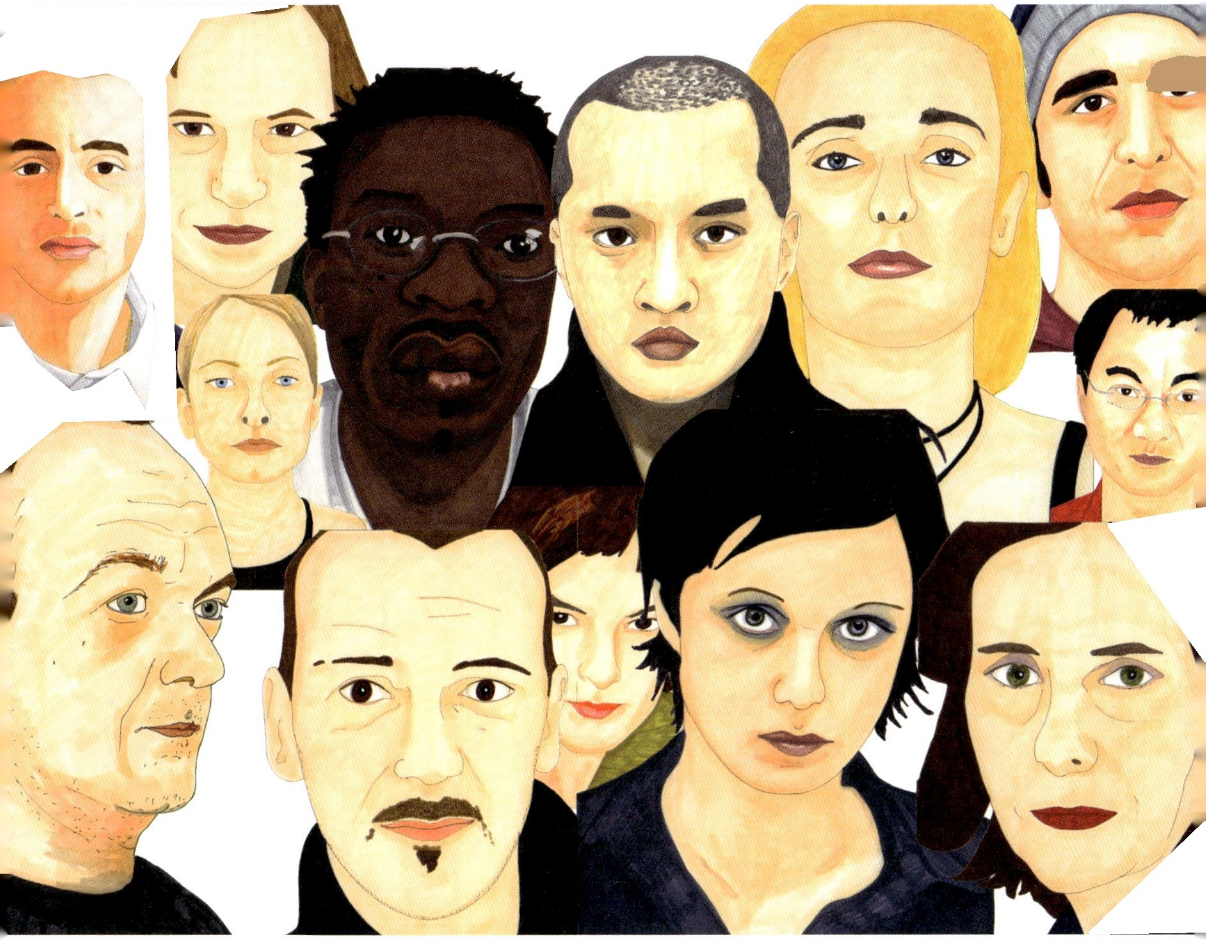

Andreas Fogarasi

Andreas Fogarasi
Kultur und Freizeit, 2007
Installationsansicht, Ungarischer Pavillon, La Biennale di Venezia, 2007
Foto: Tihanyi-Bakos-Fotostudio
Courtesy Georg Kargl Fine Arts, Wien

Historische wie zeitgenössische Repräsentationsformen kultureller Entitäten, ihre Wahrnehmungsbedingungen und gesellschaftlichen, politischen wie ökonomischen Implikationen stehen im Mittelpunkt der künstlerischen Untersuchungen Andreas Fogarasis. Er befasst sich in seinen Arbeiten u. a. mit Logos, Corporate-Identity-Strategien und Markenpositionierungen von Städten und Regionen (*Public Brands*; *Westen – aka Osten*), setzt sich mit Veränderungen von Stadträumen und Lebensbedingungen im Zusammenhang mit Hochblüte und Niedergang der deutschen wie russischen Automobilindustrie auseinander (*Süden*), oder thematisiert anhand des architektonischen Ist-Zustandes von Kultur- und Bildungshäusern in Budapest den umfassenden soziokulturellen Wandel Ungarns seit Fall des Eisernen Vorhangs (*Norden*; *Kultur und Freizeit*). Dabei reflektiert Andreas Fogarasi in differenzierter Weise immer wieder die zunehmende marktwirtschaftliche Abhängigkeit und Funktionalisierung von kultureller Produktion als Image- und Standortfaktor. Mit ebenso subtilen wie präzisen Rauminszenierungen und Installationen, die Fotografien, Texte, Objekte und Videoarbeiten umfassen, eröffnet Andreas Fogarasi unter Einbeziehung selbstreflexiver Momente – und einem kritischen Bewusstsein für den Status der RezipientInnen – komplexe kulturtheoretische Diskursfelder.

Gabriele Hofer

links:
Andreas Fogarasi
Steg/Rampe, 2005
Holzkonstruktion, Wandfarbe
Installationsansicht, Grazer Kunstverein
Foto: Susanne Stadler
Courtesy Georg Kargl Fine Arts, Wien

rechts:
Andreas Fogarasi
Disco im Berg (Culturepark), 2002
Installationsansicht, Künstlerhaus, Wien
Holzkonstruktion, Wandfarbe, Licht
Foto: Wolfgang Thaler
Courtesy Georg Kargl Fine Arts, Wien

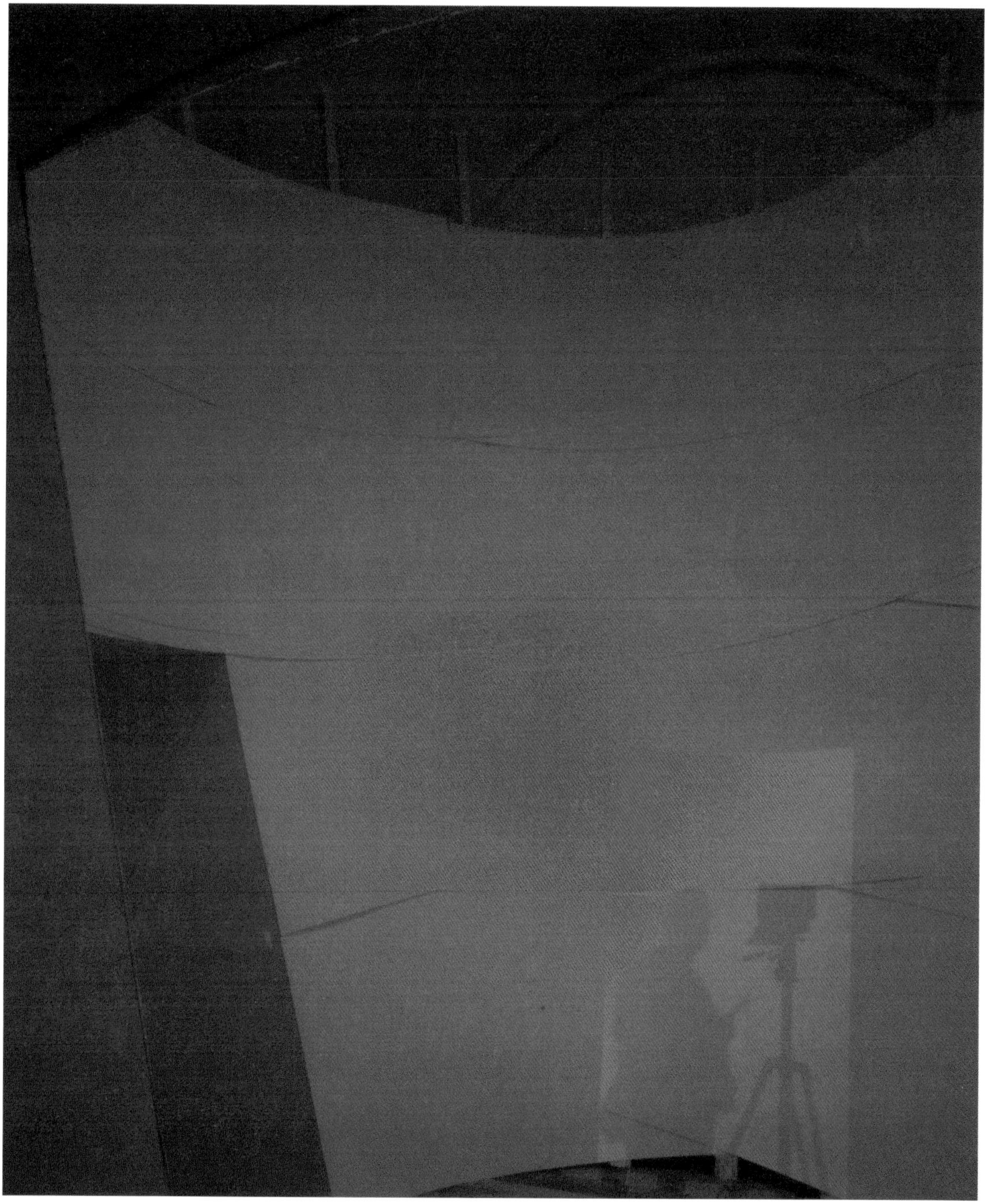

Anna Artaker

Anna Artaker
48 Köpfe aus dem Merkurov Museum, 2008
Fotografie, 56 x 21 cm

Im Zentrum von Anna Artakers künstlerischem Werk steht eine kritische Reflexion der Indienstnahme technischer Bildmedien zur Konstruktion von Geschichte, deren Inszenierung, Ideologisierung oder Auratisierung. Ihren Arbeiten gehen – wissenschaftlicher Methodik vergleichbar – umfangreiche und präzise Archivrecherchen voraus. In konzeptuell angelegten Projekten untersucht Anna Artaker insbesondere die Massenmedien Film und Fotografie auf das prekäre Verhältnis zwischen repräsentierten Inhalten und der (historischen) Realität, auf die sie verweisen sollen. So konfrontiert sie in einer Leporello-Installation Bilder aus der 1956 in Österreich gedrehten Filmtrilogie „Sisi" – den triumphalen Einzug des Kaiserpaares und ihre Krönung in Budapest darstellend – mit historischen Dokumentaraufnahmen der Ungarischen Revolution im Herbst 1956 (*Neunzehnhundert Ötvenhat*; in Kooperation mit Lilla Khoór). Ausgehend von Totenmasken, die zwischen 1907 und 1952 abgenommen wurden, thematisiert die Künstlerin in ihrer Filmarbeit *48 Köpfe aus dem Merkurov Museum* einen besonderen ikonografischen Aspekt der (Sowjet-)Propaganda: die Stilisierung von Gesichtern zu Heldenmasken. In *Unbekannte Avantgarde* wiederum setzt sich Anna Artaker mit der – in männlich dominierten historischen Gruppenfotos manifest werdenden – Unsichtbarkeit von Künstlerinnen aus dem Umfeld von Dadaismus, Surrealismus, Bauhaus und Situationistischer Internationale auseinander. Welchem thematischen Feld sich die Künstlerin auch widmet, stets überzeugen ihre Arbeiten durch analytische Klarheit und eine reduzierte, ästhetisch-präzise Umsetzung ins Installative.

Gabriele Hofer

links:
Anna Artaker
Neunzehnhundert Ötvenhat, 2004
(Zusammenarbeit mit Lilla Khoór)
Leporello, Pigmentdruck/Reinhadernpapier, 21,5 x 594 cm

rechts:
Anna Artaker
Unbekannte Avantgarde, 2007
10 historische Gruppenfotos, Baryt, 10 x 7 cm bis 30 x 18 cm
10 begleitende Legenden, Format A5

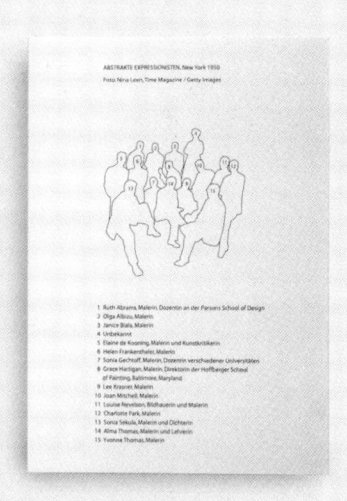

ABSTRAKTE EXPRESSIONISTEN, New York 1950
Foto: Nina Leen, Time Magazine / Getty Images

1 Ruth Abrams, Malerin, Dozentin an der Parsons School of Design
2 Olga Albizu, Malerin
3 Janice Biala, Malerin
4 Unbekannt
5 Elaine de Kooning, Malerin und Kunstkritikerin
6 Helen Frankenthaler, Malerin
7 Sonia Gechtoff, Malerin, Dozentin verschiedener Universitäten
8 Grace Hartigan, Malerin, Direktorin der Hoffberger School of Painting, Baltimore, Maryland
9 Lee Krasner, Malerin
10 Joan Mitchell, Malerin
11 Louise Nevelson, Bildhauerin und Malerin
12 Charlotte Park, Malerin
13 Sonia Sekula, Malerin und Dichterin
14 Alma Thomas, Malerin und Lehrerin
15 Yvonne Thomas, Malerin

Anita Leisz

Anita Leisz
Sprechblasenplakate, 1995
Aktion im öffentlichen Raum, Wien

Die Verschränkung von Gegenwärtigkeit und Flüchtigkeit, von Realität und Fiktion unter Aktivierung der Imaginationskraft des Publikums ist Leitmotiv des künstlerischen Schaffens von Anita Leisz. Dramaturgisch präzise konzipiert sie mehrdeutige Zeichensysteme aus Textfragmenten, Schriftzeichen, Illustrationen und dreidimensionalen Objekten, die sich in sitespezifischen Installationen, in Buchform (*Den Rest. Die letzten Ereignisse*) oder als Interventionen im öffentlichen Raum materialisieren. Mit ihren textbasierten Inszenierungen, die narrative Zusammenhänge untersuchen, zielt die Künstlerin auf eine wechselseitige Durchdringung von Realraum, Erzählraum und Vorstellungsraum. Sowohl auf sprachlicher, formaler wie materieller Ebene bedient sich Anita Leisz dabei einer betont reduktionistischen Ästhetik, die zunehmend an Bedeutung gewinnt. Waren frühere Arbeiten inhaltlich mit Themen wie Identitätsfindung, soziales Grenzgängertum, Privatsphäre versus Öffentlichkeit verknüpft, steht in neueren Arbeiten eine Auseinandersetzung mit der Entstehung von Raum und Umraum, Innenraum und Außenraum im Mittelpunkt.

Gabriele Hofer

Thomas Feuerstein

Thomas Feuerstein
DAIMON, 2007
Computer-/Netzwerkinstallation, Lackobjekte, Kabel, Maße variabel
Ausstellung: Trickster, Tiroler Landesmuseum Ferdinandeum, Innsbruck 2007
Foto: Robert Fleischanderl
Courtesy Galerie Elisabeth & Klaus Thoman, Innsbruck

Als Künstler und Theoretiker untersucht Thomas Feuerstein ebenso komplexe wie virulente Fragestellungen nach den Bedingungen sozialer und individueller Wirklichkeits- und Identitätskonstruktion in einer zunehmend mediatisierten, technologisierten Welt. Insbesondere verfolgt er Themen, die ein neues Natur- und Menschenbild im Kontext von Bio- und Gentechnologie diskutieren (*Biophily*), Wechselwirkungen zwischen Individualität, Sozietät und technokulturellen Phänomenen reflektieren (*Fiat: Radikale Individuen – Soziale Genossen*) und utopistische Gesellschaftskonzepte auf Basis einer lückenlosen Technologisierung aller Lebens- und Wissenschaftsbereiche interpretieren (*Outcast of the Universe*). Seit den frühen 1990er Jahren entwickelt Thomas Feuerstein ein vielschichtiges Œuvre, das u. a. Netzkunstprojekte, Installationen, Fotografien, Videos, Objekte, Zeichnungen, Malereien, theoretische Texte und Publikationen umfasst und durch eine Verschränkung von Kunst und Wissenschaft, Fiktion und Fakten, Zukunftsvisionen und Mythen gekennzeichnet ist. Konzeptuelle Narration nennt der Künstler seine spezifische Methode, die auf einer Gleichwertigkeit von sprachlichen und visuellen Elementen beruht, und einzelne Projekte nicht in sich abgeschlossen, sondern als Knotenpunkte eines übergeordneten Systems künstlerischer Interpretationen begreift. Seine experimentellen Anordnungen entziehen sich somit nicht nur einem konventionellen Werkcharakter. Sie reflektieren und hinterfragen – exemplarisch für das „Verschwinden der Subjekte im Sog der Systeme" (Thomas Feuerstein) – stets auch den Begriff des Künstlers und Autors im Kontext technologiebestimmter Lebenswirklichkeiten.

Gabriele Hofer

Anna Jermolaewa

Anna Jermolaewa
go... go... go... go..., 2005
Video, 1 min, loop

Die zentralen Themen, die Anna Jermolaewa mit ihren pointiert inszenierten Video- und Fotoarbeiten immer wieder anspricht, berühren so virulente gesellschaftliche und zwischenmenschliche Phänomene wie subtile Manipulation und Gewalt, Verlust individueller Freiheit und Fremdbestimmtheit durch verborgene Macht- und Kontrollmechanismen. Charakteristisch für ihr Werk sind dabei eine genderspezifische Sichtweise, die kritische Hinterfragung und Umdeutung patriarchaler Strukturen und Codes sowie ein humorvoll-subversiver Umgang mit den Themen Sexualität und Körperlichkeit. Anna Jermolaewa setzt häufig mechanisch agierende Aufziehpuppen, Stofftiere oder Plastikfiguren als Protagonisten ihrer Arbeiten ein und lässt sie in endlosen Wiederholungen monotone Bewegungen ausführen, die sinnentleert erscheinen, in ihrer irrwitzigen Unausweichlichkeit aber verstören. Mit präzise eingesetzten künstlerischen Mitteln – sparsame Ausstattung, Konzentration auf ein Motiv, strenge Frontalität, statische Kameraführung, rigide Bildbegrenzung, Informationsverdichtung durch Looping – zielt Anna Jermolaewa stets auf die Brüchigkeit des vordergründig Banalen, Harmlosen, Alltäglichen hin zum Abgründigen und Monströsen.

Gabriele Hofer

Peter Niedertscheider

Peter Niedertscheider
Acrylpinselzeichnungen, 2005
Acryl auf Leinwand, 120 x 185 cm
Ausstellungsansicht, Tiroler Kunstpavillon, 2006

Eine konsequente Auseinandersetzung mit den klassischen künstlerischen Topoi menschliche Figur, Akt und Standbild in ihrem Verhältnis zu Raum, Zeit, Ordnungs- und Wahrnehmungsstrukturen bildet den Kern des künstlerischen Schaffens von Peter Niedertscheider. Prozessuale und meditative Aspekte spielen dabei sowohl in produktions- wie rezeptionsästhetischer Hinsicht eine zentrale Rolle. Der Künstler bedient sich sowohl zwei- wie dreidimensionaler Medien – er fertigt Zeichnungen, Tafelbilder, Skulpturen und Videoarbeiten – und ist an einer Auslotung des Figurativen im Spannungsfeld von Rhythmisierung, Schematisierung und Kodierung interessiert. Seine großformatigen Acrylpinselzeichnungen, die sich als artifizielle Bild-Text-Systeme verstehen, zeigen in variierenden Helligkeitsstufen scheinbar monotone Aneinanderreihungen weiblicher und männlicher Figuren: Sie sind als binäre Zeichen in ein schriftliches Codesystem eingebunden und stehen in spezifischen Formationen für Buchstaben, die wiederum Wörter, Sätze, Texte – und damit lesbare semantische Strukturen – ergeben. In neueren Arbeiten widmet sich Peter Niedertscheider skulpturalen Formungen unter Verwendung von Silikon und Styropor. In filmischen wie performativen Akten untersucht er die Positionierung seiner Skulpturen im Raum, und reflektiert damit gleichzeitig die eigenen Schaffensbedingungen als zeitgenössischer Bildhauer.

Gabriele Hofer

Stefan Sandner

Stefan Sandner
ohne Titel, 2007
Acryl auf Leinwand, je 280 x 200 cm
Ausstellungsansicht, Galerie Grita Insam, 2007
Courtesy Galerie Grita Insam, Wien

Das vielschichtige Œuvre Stefan Sandners kreist um eine analytische Befragung minimalistischer Bildkonzepte und ihrer konstitutiven Elemente mit den Mitteln der Malerei, ohne aber auf eine mediale Selbstreferenzialität abzuzielen. Für seine subtilen ästhetischen Strategien, die stets auf intelligenten kontextuellen (Bedeutungs-)Transfers und Verschränkungen beruhen, macht Stefan Sandner sowohl kunsthistorische als auch aktuelle populär- und alltagskulturelle Referenzpunkte nutzbar. So überlagert er etwa die Formgebung markanter shaped canvases, die von Minimal Art-Protagonisten wie Kenneth Noland, Frank Stella oder Ellsworth Kelly stammen, mit formalen Assoziationsfeldern heute omnipräsenter Design-, Logo- und Werbewelten. Die Aneignung und mediale Transponierung von Schrift- und Textbildern ist ein weiteres zentrales Element in der Werkkonzeption Stefan Sandners. Unter wohlkalkulierten Maßstabs- und Kontextverschiebungen reproduziert er in neueren Arbeiten (hand)schriftliches Fundmaterial wie z. B. flüchtig notierte Adressen, Telefonnummern, Skizzen oder Textfragmente auf großformatigen monochromen Bildflächen. Damit lotet der Künstler einerseits Spannungsfelder zwischen „Expression und Monochromie in der Malerei und zwischen Tafelbild und Readymade" (Martin Prinzhorn) aus und hinterfragt andererseits Begriffe künstlerischer Authentizität und Urheberschaft.

Gabriele Hofer

Peter Senoner

Peter Senoner
LUD, 2005 (parasitäre Andockung, 17. 8. 2005)
Holz, 60 x 25 x 25 cm

Eine intensive Auseinandersetzung mit Bildnissen – im Sinne der Erschaffung einer eigenwilligen Welt visionärer Typen – und die Überprüfung ihrer Wirkungszusammenhänge in unterschiedlichen öffentlichen wie musealen Kontexten steht im Mittelpunkt der künstlerischen Arbeit Peter Senoners. Die Hauptrolle spielen dabei in verschiedenen Medien ausgeführte, androgyne Kreaturen, die in ihrer Formgebung an geheimnisvolle Märchen- und Fabelwesen, an Gestalten aus der Mythologie sowie an Science-Fiction-Figuren von technoider Eleganz erinnern. Peter Senoner, der seine Schöpfungen als „Migranten zwischen den Welten und zwischen den Medien" bezeichnet, verbindet in seiner Arbeit traditionelles künstlerisches Handwerk mit futuristischer Ästhetik, Praktiken klassischer Kunstgattungen mit performativen Aspekten. Er fertigt Bleistiftzeichnungen, die zu Hunderten im Stadtraum von New York ihrem Schicksal überlassen werden (*transition 1–...*), erschafft subtil gearbeitete Skulpturen aus Holz, Bronze oder Aluminium, die – wie Wesen von einem anderen Stern – mit urbanen Alltagssituationen konfrontiert werden (*Ewige Kinder, Migranten*), und kreiert vegetabil-amorphe Plastiken, die sich gleichsam parasitär an vorgefundene Strukturen im öffentlichen Raum andocken (*Pseudoplatanus*). Ob sie nun als Protagonisten inszenierter Fotografien, als gezeichnete Sujets, in Trickfilmen oder als körperhafte Figuren in Erscheinung treten, stets erzählen Peter Senoners Schöpfungen von Entgrenzung und Entfremdung, von Zerbrechlichkeit und Instabilität angesichts der fortschreitenden Konstruierbarkeit von Natur und Wirklichkeit mittels Digital- und Gentechnologie.

Gabriele Hofer

Biografien

Uli Aigner

geb. 1965 in Gaming; lebt und arbeitet in München und Wien

1984–90 Hochschule für angewandte Kunst Wien; 1992–94 Gaststudium an der Filmakademie Baden-Württemberg (Digitale Bildgestaltung); 2002/03 Gastprofessur an der Akademie dewr, München

Einzelausstellungen (Auswahl)

2008	Chain Reaction, von maltzahn fine arts, München
2007	Loveship, Haydee Rovirosa, New York
2005	ghostAkademie, Rathausgalerie München
2004	Keimzelle des Staates, Lentos Kunstmuseum Linz
2001	A Visit at the Freud's, Freud Museum, London
2000	I like it more beautiful, Art&IDEA, New York
1999	welldone, Wiener Festwochen; MUMOK Wien
1998	washing basket, curatorial space 'correct', New York
	Anni und Sepp, Galerie Grita Insam, Wien
1996	totally handmade, Haus Bernsteiner, Wien
1995	Im Wäschekorb, Neue Galerie, Studio, Graz
	Metanoia, MAK Galerie, Museum für angewandte Kunst Wien
1994	insane, Galerie Grita Insam, Wien
1993	bin zuhause, Galerie Fotohof, Salzburg

Ausstellungsbeteiligungen (Auswahl)

2009	Over The Bridge we go, Boltenstern-Raum, Galerie Mayer Kainer, Wien
	girlsgirlsgirls | contagious acts, Steinle Contemporary, München
2008	Objekthaftes. Einblicke in die Sammlung, Museum der Moderne Salzburg
2006	Keimzelle des Staates und ghostAkademie, Art & IDEA at Art Miami
	ghostAkademie in Trajectories, National Museum Riga
	Gezeichnet, NÖ Landesmuseum, St. Pölten
2005	Akademie. Kunst lehren und lernen, Hamburger Kunstverein
2004	Vision einer Sammlung, Museum der Moderne Salzburg
	Flexibilität, Kunstverein Wolfsburg
	Eigensinn und Eigensicht, Kulturforum Prag; Altes Rathaus Brünn
	Frauenbild, NÖ Landesmuseum St. Pölten
2003	let's twist again, Kunsthalle Exnergasse, Wien
2002	Never alone again, La Panaderia, Mexico City
	buy a dream store, Apartman Projesi, Istanbul
	mons veneris: female geographies, Austrian Cultural Forum, London
2001	Reisen ins Ich, Sammlung Essl, Klosterneuburg
	Figur/Gegenfigur, Rupertinum, Salzburg
	Transgression, Künstlerhaus, Wien
2000	The Cleaning Material Show, The Store, Istanbul
	Die Kunst der Stunde ist Widerstand, Kunsthalle Wien
	there is something you should know, Österreichische Galerie Belvedere, Wien
	Milch vom ultrablauen Strom, Kunsthalle Krems

Anna Artaker

geb. 1976 in Wien; lebt und arbeitet in Wien
1996–2002 Studium der Philosophie und Politikwissenschaften in Wien und Paris;
2000–07 Akademie der bildenden Künste Wien (Renée Green, Marina Gržinic)

Einzelausstellungen* und Ausstellungsbeteiligungen (Auswahl)
2009	Modernologies, MACBA, Barcelona
	In Between Document and Fiction, National Centre of Dance, Bukarest
	Untitled (Some of the names of Photoshop), Künstlerhaus (Plakatwand), Wien
	48 Köpfe aus dem Merkurov Museum, Salzburger Kunstverein*
	Figure/Ground, Galerie Transit, Mechelen
2008	Am Sprung, OK-Centrum für Gegenwartskunst, Linz
	Urban Signs, Local Strategies, Fluc, Wien
	Transformation of History or Parallel Histories, 6. Internationale Gyumri Biennale, Aesthetic Center, Gyumri, Armenien
	Show me yours, I'll show you mine (mit Marlene Haring), Mama's Hostel, Krakau und Kronika Gallery, Bytom, Polen
	as bring collective, Künstlerhaus, Passagengalerie, Wien
2007	Tension, Sex, Despair, Aber hallo, na und?, Kunsthalle Exnergasse, Wien
	!Forradalom?, Műcsarnok/Kunsthalle, Budapest
	Lange nicht gesehen, Museum auf Abruf, Wien
2006	!Revolution?, Collegium Hungaricum, Berlin
2005	Medialisierung/Spatialisierung/Repolitisierung, Fluc, Wien
	Tip 3, Art radonica Lazareti, Dubrovnik
	Surrealismus – heute! /N°2b – Hommage à Susan Sontag, Schillerplatz, Wien
2004	Playlist, Palais de Tokyo, Paris
2003	Did you ever dream of becoming barbarian?, Public>, Paris
	Künstlerbücher, Kupferstichkabinett, Wien
2002	Rirkrit Tiravanija (Schindler Workshop), Secession, Wien
	Schmarotzer, Semper Depot, Wien
	Cinéma Générique, Les Laboratoires d'Aubervilliers, Aubervilliers
2000	WIDERSTAND: Art et Politique en Autriche, Espace Donguy, Paris
1999	Offene Handlungsfelder (mit Wochenklausur), Österreichischer Pavillon, 48. Biennale von Venedig

Dejanov & Heger
1994–2001 Zusammenarbeit von Plamen Dejanov und Swetlana Heger

Einzelausstellungen* und Ausstellungsbeteiligungen (Auswahl)
2001	MAK Galerie, Museum für angewandte Kunst Wien*
	Windsor.Collection, NRW Forum, Düsseldorf
2000	Projectroom Museum of Contemporary Art, Zagreb*
	Plan B, De Appel Foundation, Amsterdam
1999	Dream City, Kunstverein München
	After the Wall, Moderna Museet, Stockholm; Museum Ludwig, Budapest
1998	Tomio Koyama Gallery, Tokio*
	Fast Forward 2: Trade Marks, Hamburger Kunstverein
	Life Style, Kunsthaus Bregenz
	Le Consortium.Coll, Centre Georges Pompidou, Paris
1997	Air de Paris, Paris*
	x-squared, Secession, Wien

Plamen Dejanoff
geb. 1970 in Sofia; lebt und arbeitet in Wien
1989–91 Universität für angewandte Kunst Sofia; 1992–97 Universität für angewandte Kunst Wien; 1997–98 Monubsho Musashino Art University, Tokyo; 1999–2000 Iaspis, Stockholm

Einzelausstellungen* und Ausstellungsbeteiligungen (Auswahl)
2009	Sehnsucht nach dem Abbild – Das Portrait im Wandel der Zeit, Kunsthalle Krems
2008	The state of selective memory, Galerie Nicola von Senger, Zürich*
2007	Deutsche Geschichten, Galerie für Zeitgenössische Kunst Leipzig
2006	MUMOK Wien*
	Faster! Bigger! Better!, ZKM Karlsruhe
2005	Criss-Cross-Alphabet, MSU Museum of Contemporary Art, Zagreb
2004	Who's to follow?, De Appel Foundation, Amsterdam
2002	Palais de Tokyo, Paris; Berlin*

Swetlana Heger
geb. 1968 in Brünn; lebt und arbeitet in Berlin
1990–95 Universität für angewandte Kunst Wien (Malerei und Grafik); seit 2000 Lehraufträge u.a. an der School of Visual Arts New York, Royal Collage of Art London, Universität der Künste Berlin

Einzelausstellungen* und Ausstellungsbeteiligungen (Auswahl)
2009	Thierry Goldberg Projects, New York*
2008	Musée des Beaux Arts, Dole*
2007	What We Bought, Camera Austria, Kunsthaus Graz
2006	Constructing New Berlin, Phoenix Art Museum, Phoenix
2005	Prenez l'air de Paris, Centre National de la photographie, Paris
2004	Body Display – Performative Installation, Secession, Wien
2003	Accessoiremaximalismus, Kunsthalle zu Kiel
2002	Art & Economy, Deichtorhallen, Hamburg

Thomas Feuerstein

geb. 1968 in Innsbruck; lebt und arbeitet in Innsbruck und Wien
Studium an der Universität Innsbruck (Kunstgeschichte und Philosophie); 1995 Promotion; seit 1997
Lehraufträge an der Universität Innsbruck, Hochschule für Musik und Theater Bern, F + F Zürich, Fachhochschule Intermedia Dornbirn, Universität Mozarteum Salzburg, Universität für angewandte Kunst Wien

Einzelausstellungen (Auswahl)

2009	Invisible Hands, Galerie Nicola von Senger, Zürich
2008	Soylent Green, Galerie Kampl, München
2007	Trickster, Tiroler Landesmuseum Ferdinandeum, Innsbruck
2005	Focus Utopia, Galerie Lelong, Zürich
2004	Konfabulation II, Galerie Elisabeth & Klaus Thoman, Innsbruck
2003	fiat::radikale individuen – soziale genossen II, Leopold Museum Wien
	Soziale Schwerelosigkeit, Galerie Elisabeth & Klaus Thoman, Innsbruck
	fiat:: soziale genossen – radikale individuen, Ar/ge Kunst Galerie Museum, Bozen
2002	Arbeiten 1991–2001, Galerie Elisabeth & Klaus Thoman, Innsbruck
	RoundupReady: Biogreen, Herbert Fuchs Räume, Corso, Innsbruck
1997	Die Welt als Tastatur, Artforum, Meran

Ausstellungsbeteiligungen (Auswahl)

2009	Cat Open 2009 20/21, MAK Museum für angewandte Kunst Wien
2008	Speicher fast voll – Sammeln und Ordnen in der Gegenwartskunst, Kunstmuseum Solothurn
	Bread & Soccer, Austrian Cultural Forum, New York
2007	Auszeit. Kunst und Nachhaltigkeit, Kunstmuseum Liechtenstein, Vaduz
	Übergangsräume – Potential Spaces, Württembergischer Kunstverein, Stuttgart
	Die Dämonen, Magazin 4, Bregenzer Kunstverein
2006	knowing me, knowing you, Camera Austria, Kunsthaus Graz
2005	Postmediale Konditionen, Neue Galerie, Graz
2004	Handlungsanweisungen, Kunsthalle Wien
2003	trans/archive, Galerie 5020, Salzburg
	sinnlos – die kunst/die körper/die fremdkörper, Künstlerhaus Graz
2002	Weltkarten – Change the Map, Ars Electronica, Linz
	Variable Stücke, Strukturen, Referenzen, Algorithmen, Galerie im Taxispalais, Innsbruck
2001	Click Here, Artforum Meran
2000	Decodierung:Recodierung, Kunsthalle Wien
1999	Naturally Art, Kunst in der Stadt III, Bregenzer Kunstverein; Kunsthaus Bregenz
	net_life, OK-Centrum für Gegenwartskunst, Linz
	LAN-ding #1, Tiroler Landesmuseum Ferdinandeum, Innsbruck
1998	Galerie im Traklhaus, Salzburg
	collezione tirolo, Complesso Monumentale di San Michele a Ripa, Rom
1997	2000 minus 3 – ArtSpace plus Interface, Neue Galerie Graz
1996	Coming Up, MUMOK Wien
	Jenseits von Kunst, Museum Ludwig, Budapest; Museum van Hedendaagse Kunst Antwerpen; Neue Galerie Graz

Andreas Fogarasi

geb. 1977 in Wien; lebt und arbeitet in Wien

1995–99 Hochschule für angewandte Kunst Wien (Architektur, Freie Klasse);

1999–2003 Akademie der bildenden Künste Wien

Einzelausstellungen (Auswahl)

2008	Andreas Fogarasi. Kultur und Freizeit, Grazer Kunstverein
2007	Kultur und Freizeit, Ungarischer Pavillon, 52. Biennale von Venedig
2006	Norden, Georg Kargl Box, Wien
2005	Westen (aka Osten), Grazer Kunstverein
	Süden, Porschehof, Salzburger Kunstverein
2004	A ist der Name für ein Modell – Étrangement proche, Liget Galéria, Budapest
2003	ABCity (The Player), Trafó, Budapest
	A ist der Name für ein Modell – Étrangement proche, Offspace, Wien
2002	Kultúrapark, Stúdió Galéria, Budapest
	Culture Park, Galerie 5020, Salzburg

Ausstellungsbeteiligungen (Auswahl)

2009	Fifty Fifty – Kunst im Dialog mit den 50er-Jahren, Wien Museum
2008	Islands + Ghettos, Heidelberger Forum für Kunst
2007	Kapitaler Glanz, Kunstverein für die Rheinlande und Westfalen, Düsseldorf
	Modelle für Morgen: Köln, Europäische Kunsthalle, Köln
2006	This Land is My Land, Neue Gesellschaft für Bildende Kunst, Berlin
	Center, MAK Center for Arts and Architecture, Los Angeles
	How to do Things, Kunstraum Kreuzberg, Bethanien, Berlin
	This Land is My Land, Kunsthalle Nürnberg
	Der Raum zwischen zwei Bildern, Fotohof, Salzburg
2005	Re:Modern, Künstlerhaus, Wien
	Reading in Absence, Trafó, Budapest
	Utopie: Freiheit, Kunsthalle Exnergasse, Wien
	29. Österreichischer Grafikwettbewerb, Galerie im Taxispalais, Innsbruck
2004	Images of Violence – Violence of Images, Biennale of Young Artists, Bukarest
	Wiener Linien, Wien Museum
	Video as Urban Condition, Austrian Cultural Forum, London
2003	Gegeben sind... Konstruktion und Situation, Galerie im Taxispalais, Innsbruck
	GNS, Palais de Tokyo, Paris
	Gravitation, Museum Ludwig, Budapest
2002	Site-Seeing: Disneyfizierung der Städte?, Künstlerhaus, Wien
	Evidence, Essor Gallery Project Room, London
	Manifesta 4, Frankfurter Kunstverein
	Double Bind, ATA Center for Contemporary Art, Sofia
2001	Szerviz, Kunsthalle, Budapest
	January Show, Passagegalerie, Künstlerhaus, Wien
2000	99/00, Semperdepot, Wien

Rainer Ganahl

geb. 1961 in Bludenz; lebt und arbeitet in New York

1986 Diplom an der Universität Innsbruck (Philosophie, Geschichte); 1986–91 Hochschule für angewandte Kunst Wien (Peter Weibel); Kunstakademie Düsseldorf (Nam June Paik)

Einzelausstellungen (Auswahl)

2009	MAK Museum für angewandte Kunst, Wien
2008	Dadalenin, Tensta Konsthall, Stockholm
2007	The Apprentice in the Sun, Kunstmuseum Stuttgart
2005	The Wallach Art Gallery; Columbia University Museum, New York
	MUMOK Wien
2004	bicycle, Paul Petro Contemporary Art, Toronto
2003	Gesellschaft für Aktuelle Kunst, Bremen
	Das Zählen der letzten Tage der Sigmund Freud Banknote, Kunsthalle Wien
2002	Baumgartner Gallery, New York
2001	Galerie Nächst St. Stephan, Rosemarie Schwarzwälder, Wien
2000	Centre de Photographie, Genf
1999	Tiroler Landesmuseum Ferdinandeum, Innsbruck
1998	Kunsthaus Bregenz
1997	Erziehungskomplex, Generali Foundation, Wien

Ausstellungsbeteiligungen (Auswahl)

2009	Die Angst-Gesellschaft, Pavillon der Dringlichkeit, 53. Biennale von Venedig
2008	Peripherer Blick und kollektiver Körper, Museion, Bozen
2007	Think with the Senses – Feel with the Mind, 52. Biennale von Venedig
2006	Images War, Whitney Museum of American Art, New York
	Die Abwesenheit des Lagers, Kunsthaus Dresden
	Switching Worlds: Desires and Identities, Austrian Cultural Forum, New York
2005	Poles Apart Poles Together, 51. Biennale von Venedig
	The Jewish Identity Project, The Jewish Museum, New York
	Beliques Visionaires, Palais de Beaux-Arts, Brüssel
2004	The Mythological Machine, Warwick Arts Centre, The University of Warwick Coventry
2003	The tale of the thread, Muso di Arte Moderna e Contemporanea, Trento
	Social Strategies: Redefining Social Realism, University Art Museum, Santa Barbara
2002	how to do things with words, Kunsthalle Wien
	Blick und Bild, Kunstmuseum des Kantons Thurgau, Ittingen
2001	Austrian Comtemporary Art, Architecture and Design, Shanghai Art Museum
	Vernaculars, Centre George Pompidou, Paris
	The Good, the Bad and the Ugly, Spaghetti Western, Museum of Contemporary Art, Denver
	Frankfurter Kreuz, Schirn Kunsthalle, Frankfurt
2000	Import Export, Salzburger Kunstverein; Museum Moderner Kunst, Arnheim; Villa Arson, Nizza
	Man muss ganz schön viel lernen bevor man hier funktioniert, Frankfurter Kunstverein
	Illuminations, National Museum of Contemporary Art, Oslo
1999	Kunst-Welten im Dialog, Museum Ludwig, Köln
	Offene Handlungsräume, 48. Biennale von Venedig

Anna Jermolaewa
geb. 1970 in St. Petersburg
1998 Diplom an der Universität Wien (Kunstgeschichte); 2002 Diplom an der Akademie der bildenden Künste Wien (Malerei, Graphik und Neue Medien); diverse Lehrtätigkeiten; seit 2005 Professur für Neue Medien an der HFG-Karlsruhe

Einzelausstellungen (Auswahl)
2009	Going to work from Asia to Europe everyday, Künstlerhaus, Wien
2008	Playing along with Anna, XL Gallery, Moskau
2007	Vienna Stripe, Museum in Progress, Wien
2006	Orchestra Reloades, Tresor im BA-CA Kunstforum, Wien
2004	Museum Moderner Kunst, Passau
2003	Galerie Gelman, Moskau
2002	Ursula Blickle-Stiftung, Kraichtal-Unteröwisheim
	CAN, Centre d'Art Neuchatel
2001	Galerie mezzanin, Wien
2000	Institute of Visual Arts, Milwaukee, USA
	Galerie Walcheturm, Zürich

Ausstellungsbeteiligungen (Auswahl)
2009	Movie painting, National Centre for Contemporary Arts, Moskau
	Geschichte der russischen Videokunst II, Moscow Museum of Modern Art, Moskau
2008	Suspended, Neues Kunstforum, Köln
2007	True Romance, Kunsthalle Wien
	Die Kunst der Landwirtschaft, Tiroler Landesmuseum Ferdinandeum, Innsbruck
	Scheitern, Landesgalerie Linz
	The Art of Failure, Kunsthaus Baselland, Basel
	Geschichte der russischen Videokunst I, Moscow Museum of Modern Art, Moskau
2006	Every Day ... another artist/work/show, Salzburger Kunstverein
2005	Entdecken und Besitzen, MUMOK Wien
	Can You See the Real Me?, Württembergischer Kunstverein, Stuttgart
2004	I am not a feminist. I am normal, Austrian Cultural Forum, London
	Gegen-Positionen, Museum Moderner Kunst, Passau
2003	21er, 20er Haus, Wien
	Künstlerinnen. Positionen 1945 bis heute, Kunsthalle Krems
	Nice and Easy, Sprengel Museum, Hannover
	Skulptur im Video, ZKM Karlsruhe
2002	The Collective Unconsciousness, Migros Museum, Zürich
	Non-places, Frankfurter Kunstverein
2001	Recent acquisitions, Stedelijk Museum, Amsterdam
	Ars 01, Museum of contemporary Art Kiasma, Helsinki
	Vertigo, Ursula Blickle-Stiftung, Kraichtal-Unteröwisheim
2000	Lebt und arbeitet in Wien, Kunsthalle Wien
	Die Gouvernementalität, EXPO 2000, Hannover
1999	dAPERTutto, 48. Biennale von Venedig

Susanne Jirkuff

geb. 1966 in Linz; lebt und arbeitet in Wien

1987–94 Hochschule für künstlerische und industrielle Gestaltung Linz (Helmuth Gsöllpointner);
1992–93 University of East London (Pascal Schöning)

Ausstellungen (Auswahl)

2009	Magic Moments, Galerie Mayer Kainer, Wien
2008	Hypo Video Lounge, HypoBank, Linz
2007	Lange nicht gesehen, MUSA Museum auf Abruf, Wien
	Kunstankäufe der Stadt Linz 2003–2006, Nordico – Museum der Stadt Linz
	Sound of Silence, Townhouse Gallery, Kairo
	No Sound of Silence, Salzburger Kunstverein
	Playback, Musee des Art Moderne, Paris
	Extremes & In-Betweens, Dorsky Gallery, Long Island, New York
2006	Satellite of Love, Sex and Sadness, Rotterdam Filmfestival, Witte de With, Rotterdam
	play: special edition volume 5: Orte, so scheint es, Ursula Blickle-Stiftung, Kraichtal-Unteröwisheim; Kunsthalle Wien
	Històries animades, Fundació La Caixa, Barcelona; Sala Rekalde, Bilbao
	Traurig sicher – im Training, Grazer Kunstverein; Palais Thienfeld, Graz
	Video and Drawing, La Casa Encendida, Madrid
	Version Animé, Batiment d'art Contemporain BAC, Genf
2005	Populism, CAC Vilnius, Stedelijk, Amsterdam; Frankfurter Kunstverein
	Lebt und arbeitet in Wien II, Kunsthalle Wien
	Never seen in... Warsaw, 11th WRO Biennial, Galerie Zacheta, Warschau
	Huérfanos del vacío – Orphans of the Void, Sala Rekalde, Bilbao
	22. Kasseler Dokumentarfilm & Videofest, Kassel
	Filmfestival Revohot, Israel
2004	I make you dance, Motherf*****, Galerie 5020, Salzburg
	Feel It, Screening, 9. Komponistenforum Mittersil; Futuregarden, Wien
2003	Present Perfect, Galerie gb agency, Paris
	Best Of Tricky Women Festival, Imageforum, Japan
	21er, 20er Haus, Wien
2002	About Being Away, Landesgalerie Linz
	Features for a Quality Picture, Mackey Apartments, Los Angeles
	Fundamentalisms of The New Order, Charlottenborg Exhibition Hall, Kopenhagen
2001	This is my House, RAIN-Projekt, Mackey Apartments, Los Angeles
	RAIN, RAIN-Projekt, Wilshire Bvd. 5410, Los Angeles
	Einheit der Gegensätze, Galerie Bellevue, Wiesbaden
	Hallway, RAIN-Projekt, MAK Galerie, Museum für angewandte Kunst Wien
2000	Galerie 422, Museum der Wahrnehmung, Graz
	Linz/Bilder, Kunsthalle tmp, Steyr
	20 Jahre Stadtwerkstatt, Kunstuniversität Linz
1999	Vice Verses, OK-Centrum für Gegenwartskunst, Linz
1998	Private View, Galerie MAERZ, Linz
1997	Galerie im Traklhaus, Salzburg

Anita Leisz
geb. 1973 in Leoben; lebt und arbeitet in Wien
Studium an der Akademie der bildenden Künste Wien

Ausstellungen (Auswahl)

2009	Bulletinboard, Blvd., Pro Choice, Wien
	Will Benedict, Anita Leisz, Jutta Koether, Galerie Meyer Kainer, Wien
	Anita Leisz, Anna Meyer, Isa Rosenberger, Städtische Galerie Nordhorn
	ho is no substitute for anything, Galerie Meyer Kainer, Wien
2008	Egypted, Kunsthalle Exnergasse, Wien
	Lucie Stahl, Anita Leisz, Will Benedict, croy nielsen Berlin
2007	Tension; Sex; Despair. Aber Hallo, na und?, Kunsthalle Exnergasse, Wien
	Studio Sassa Trülzsch, Berlin
	Cafe/Club, Galerie für Zeitgenössische Kunst Leipzig
	Anzengruber-Biennale, Café Anzengruber Wien
	Umkehrungen, Kunstverein Braunschweig
	Salzburger Kunstverein
	Kunsthalle Exnergasse, Wien
2006	Soleil Noir, Salzburger Kunstverein
2005	Galerie Fernand Léger, Paris Ivry
	Kunstverein Langenhagen
	Gele Rider, Arnem
2004	Performative Architektur, Siemens Arts Programm, Galerie für Zeitgenössische Kunst Leipzig
2001	Double Live, Generali Foundation, Wien
	Secession, Wien
2000	Galerie Karin Guenther, Hamburg
1999	Galerie Krobath & Wimmer, Wien
	Studiocity I, Wien
	Studiocity II, Kunstverein Wolfsburg
1998	Leisz, Schinwald, Dejanov/Heger, Grazer Kunstverein
	Kunstverein in Ludwigsburg
1997	state of transition, Galerie Fotohof, Salzburg
	Time Out, Kunsthalle Nürnberg
	Tunnel Vision, Depot, Wien
1996	Poolraum, Kunstverein in Hamburg
	willkommen, bienvenue, welcome, Kommunikationsbüro, Apostelhof, Kunsthalle Exnergasse, Wien
1995	spring project, Gustinus Ambrosi Museum, Wien
	gen 2000, Wien
	Liechtensteinstrasse 58, Wien
	Sprechblasenplakate, Stadtraum Wien

Marko Lulic

geb. 1972 in Wien; lebt und arbeitet in Wien

1992–96 Hochschule für angewandte Kunst Wien; 1996–97 Akademie der bildenden Künste Wien

Einzelausstellungen und Projekte (Auswahl)

2009	Bawag Contemporary, Wien
2007	Unsocial Sculpture, Douglas F. Cooley Gallery, Reed College, Portland
	Denkmalpflege und Bodywork, Kunstverein Arnsberg
	Pressspanplatten für den Frieden, Kunstverein Heilbronn
2005	Modernity in YU, Storefront for Art and Architecture, New York
	Billigflieger. Fries # 003, Neue Kunst Halle, St.Gallen
2004	Die neue Linie (Ich war die Putzfrau am Bauhaus), Gabriele Senn Galerie, Wien
	Wunden auf glatter Fläche, Kunstraum, Kunstpavillon, Innsbruck
2003	Ein amerikanisches Geschenk, Salzburger Kunstverein
	Kolarić, Arbeiterkammer, Museum in Progress, Wien
2002	Tesla 21, Tesla Museum, Belgrad; Bawag Foundation, Wien
	Durch weichen Beton, Grazer Kunstverein
	Modernity in YU, Frankfurter Kunstverein; Museum of Contemporary Art, Belgrad
2001	Organisiertes Dekor – verbesserte Partisanendenkmäler, Gabriele Senn Galerie, Wien
	Modernity in YU, Mama Centar, Zagreb
1999	Häuser für Spaß und Probleme, Galerie Giti Nourbakhsch, Berlin
1998	Disco Wilhelm Reich, MAK Center, Schindler House, Los Angeles
	Final Projects, MAK Center, Mackey House, Los Angeles

Ausstellungsbeteiligungen (Auswahl)

2009	Linz Blick. Stadtbilder in der Kunst 1909–2009, Lentos Kunstmuseum Linz
2008	Revolution. I love you, International Project Space Birmingham; Trafo House of Contemporary Art, Budapest; Thessaloniki Centre of Contemporary Art
2007	Mapping the City, MMC Luka, Pula
2006	Ein gemeinsamer Ort, Lentos Kunstmuseum Linz
2005	Tu Felix Austria ... Wild at Heart, Kunsthaus Bregenz
	Re:Modern, Künstlerhaus, Wien
	Living And Working In Vienna, Austrian Cultural Forum, New York; Tokio
	Lebt und arbeitet in Wien II, Kunsthalle Wien
2004	Belgrade Art Inc., Secession, Wien
	Gastarbajteri, Wien Museum
	Open House, OK-Centrum für Gegenwartskunst, Linz
2003	Nation, Frankfurter Kunstverein
	Form-Specific, Museum Moderner Kunst, Ljubljana
	Hotel Hotel, Landesgalerie Linz
2002	Hier ist dort 2, Secession, Wien
	Das Neue, Österreichische Galerie Belvedere, Wien
2001	Objekte. Skulptur in Österreich nach '45, Atelier Augarten, Wien
2000	Enter the Dragon, Mike Chen, Hong Kong
1998	Garage 98, MAK Center, Mackey House, Los Angeles

Dorit Margreiter

geb. 1967 in Wien; lebt und arbeitet in Wien

1986–90 Universität Wien; 1998–92 Hochschule für angewandte Kunst Wien; seit 2006 Professorin an der Akademie der bildenden Künste Wien

Einzelausstellungen (Auswahl)

2009	Locus Remix: Dorit Margreiter, MAK Center for Art and Architecture, Los Angeles
	Galerie Krobath, Wien
2008	Poverty Housing. Americus Georgia, MAK, Wien; (mit Rebecca Baron)
	zentrum, Galerie Stampa, Basel
2006	10104 Angelo View Drive, Moravska Galerie, Brünn
	analog, Galerie für Zeitgenössische Kunst Leipzig
2005	zentrum, Österreichische Friedrich und Lillian Kiesler-Privatstiftung Wien
2004	10104 Angelo View Drive, MUMOK Wien
2002	Event Horizon, Galerie Krobath Wimmer, Wien
2001	Everyday Life, Galerie im Taxispalais, Innsbruck
1999	Short Hills, Grazer Kunstverein
1993	Mein Schlafzimmer in Prag, Forum Stadtpark, Prag

Ausstellungsbeteiligungen (Auswahl)

2009	Modernologies, MACBA Barcelona
	Österreich Pavillon, 53. Biennale von Venedig
	The New Monumentality, The Henry Moore Institute, Leeds
	5x5Castello'09, Espai d'art contemporani de Castello
	A Ladies Almanack, tranzitdisplay, Prag
2008	Wohnen in der Kunst, Kunstmuseum Wolfsburg
	11th Cairo Biennial, Art Palace, Kairo
	Beyond Stereotypes, Neuer Aachener Kunstverein, Aachen
	la vie moderne/revisitée, Centre d'Art Passerelle, Brest
2007	Oh Girl, It's a Boy!, Kunstverein München
	Bodypoliticx, Witte de With, Amsterdam
	die stadt von morgen, Akademie der Künste, Berlin
	Exil des Imaginären, Generali Foundation, Wien
2006	Und so hat Konzept noch nie Pferd bedeutet, Generali Foundation, Wien
	Cooling Out, Halle für Kunst, Lüneburg
	Dark Places, Santa Monica Museum of Art, Los Angeles
2005	Wild at Heart, Kunsthaus Bregenz
	Icestorm, Kunstverein München
	Occupying Space. Sammlung Generali Foundation, Haus der Kunst, München; Witte de With, Rotterdam; Museum für Zeitgenössische Kunst Zagreb
2004	International, 3. Liverpool Biennale
	Body Display, Secession, Wien
	Double Check, Gallery of Contemporary Art, Celje
2003	Nothing Special, FACT, Liverpool
	Déplacements, Musée d'Art Moderne de la Ville de Paris
	el aire es azul, Museo Luis Barragan, Mexico City

Peter Niedertscheider
geb. 1972 in Lienz; lebt und arbeitet in Thurn
1995–99 Hochschule für angewandte Kunst Wien (Alfred Hrdlicka, Brigitte Kowanz)

Arbeiten im öffentlichen Raum
2006	Kunst am Bau, Wohnparksüd, Lienz
2004	Kunst am Bau, Haus Valgrata, Außervillgraten
	Altargestaltung der Kirche bei der Residenz Skiper, Savudrjia
1995	Taufkapelle Ober St. Veit, Wien

Ausstellungen (Auswahl)
2008	unbunt, RLB Atelier Lienz
2007	Art in the city, Gallery 9900, Lienz
2006	Aufstellung, RLB Atelier Lienz
	Bildzeitraum, Kunstpavillon Innsbruck
	Bildzeitraum 2, Galerie Lindner, Wien
2005	Bibliothek anders. Wundersames und Transformiertes, Stift Admont
2004	Galleria Sergio Colussa, Udine
	Kunstpreis der Raiffeisen-Landesbank Tirol AG, Innsbruck
	Galerie Schloss Porcia, Spittal
2003	Gallery Sonja Roesch, Houston
	Arching Galerie, Architektenkammer Wien
2002	Räume 2, Innsbruck
	Bild-Lust 2, Galerie Suppan, Salzburg
	Positionen, WUK, Wien
	Art Innsbruck
2001	Moving out, MUMOK Wien
	Acrylpinselzeichnungen, Galerie Lindner, Wien
	Arbeitsproben, Galerie Gmünd
	Sieben, Sammlung Volpinum, Wien
2000	Städtische Galerie, Lienz
	Portfolio-McKinsey, Wien
	Bild-Lust, Palais Harrach, Galerie Suppan, Wien

Florian Pumhösl

geb. 1971 in Wien; lebt und arbeitet in Wien

1989–91 Höhere Graphische Bundeslehr- und Versuchsanstalt Wien;

1989–97 Hochschule für angewandte Kunst Wien

Einzelausstellungen (Auswahl)

2009	Mudam – Musée d'Art Moderne Grand-Duc Jean, Luxemburg
2008	Programm, Stedelijk Museum, Amsterdam
2007	Galerie Daniel Buchholz, Köln
2005	Animated Map, Neue Kunsthalle St. Gallen
2004	Centre d'édition contemporaine, Genf
	Wachstum und Entwicklung, Galerie im Taxispalais, Innsbruck
2003	Kölnischer Kunstverein, Köln
2001	Galerie Krobath Wimmer, Wien
2000	Humanistische und ökologische Republik. Lac Mantasoa, Secession, Wien
1998	Covering the Room, Salzburger Kunstverein
1996	On or off earth, Grazer Kunstverein

Ausstellungsbeteiligungen (Auswahl)

2009	Modernologies, Museo d'Art Contemporani de Barcelona
2008	Die ewige Flamme – Über das Versprechen der Ewigkeit, Kunsthaus Baselland, Basel
2007	documenta 12, Fridericianum, Kassel
	Various Small Fires, Royal College of Art, London
2006	Und so hat Konzept noch nie Pferd bedeutet, Generali Foundation, Wien
	Extension Turn 2, Exhibition Space Eastlink Gallery, Shanghai
	Why Pictures Now, MUMOK Wien
2005	Occupying Space. Sammlung Generali Foundation, Haus der Kunst, München; Witte de With, Rotterdam; Museum für Zeitgenössische Kunst Zagreb; Austrian Cultural Forum, New York
	Universal Experience: Art, Life and the Tourist's Eye, Museum of Contemporary Art, Chicago
2004	How do we want to be governed?, MACBA, Kopenhagen; Barcelona
	Formalismus, Hamburger Kunstverein
2003	Individual Systems; Utopia Stations, 50. Biennale von Venedig
	Abstraction Now, Künstlerhaus, Wien
	Adorno, Frankfurter Kunstverein
2002	Nachgemacht. Künstliche Natürlichkeit – Simulierte Natur, Kunstraum Innsbruck
	Uncommon Denominator, MassMoCa, Massachusetts
	Designs für die wirkliche Welt, Generali Foundation, Wien
	Fundamentalisms of the New Order, Charlottenborg Exhibition Building, Kopenhagen
2001	Time and space in Megalopolis, Galerie hlavního mest Prahy, Prag
	Du bist die Welt, Künstlerhaus, Wien
	20/35 Vision, Schindler House, Los Angeles
2000	Lebt und arbeitet in Wien, Kunsthalle Wien
1998	100 Jahre Secession, Secession, Wien
	Modelle, Österreichische Galerie Belvedere, Wien
	Sharawadgi, Felsenvilla, Baden

Stefan Sandner

geb. 1968 in Wien; lebt und arbeitet in Wien

1988–93 Hochschule für angewandte Kunst Wien (Malerei); 1997–99 Gastprofessur an der Akademie der bildenden Künste Wien

Einzelausstellungen (Auswahl)

2008	Eisler-Preis 2007, Bank Austria Kunstforum, Wien
2007	Museum 52, London
2006	Secession, Wien
2004	Wolves, Galerie Zell am See
2003	Puma, Galerie Grita Insam, Wien
2001	INLET, Landesgalerie Linz
	The Malinowski project, Goldman Tevis, Los Angeles
	Grazer Kunstverein
2000	The Malinowski Project, Goldman Tevis, Los Angeles
1999	Albers >Tom Baldwin<, Artist in Residence, Wien
1997	fnsystems vs. stefan sandner, Galerie König & Lettner, Wien
1997	Galerie CC, Graz

Ausstellungsbeteiligungen (Auswahl)

2009	Maximal minimal, Andreas Grimm, München
2008	Ankäufe aus der Galerienföderung 2007, Tiroler Landesmuseum Ferdinandeum, Innsbruck
2007	3. Prague Biennale, Prag
2006	Steiler Konter – Die Ausstellung, Bregenzer Kunstverein
2004	... and in between, Galerie Grita Insam, Wien
2003	21er, 20er Haus, Wien
	Abstraction Now, Künstlerhaus, Wien
	Fenster zum..., Galerie der Stadt Wels
2002	Hinterlands, Kerstin Engholm Galerie, Wien
	Hear the Art, Kunsthalle Exnergasse, Wien
2001	en avant, Galerie Grita Insam, Wien
	vor Ort, Galerie der Stadt Schwaz
2000	rosarot, Kunstbüro, Wien
	camping, Galerie Lisi Hämmerle, Bregenz; Berlin
1999	confidential, Galerie Hutzinger, Ebensee
	present perfect, Galerie Stadtpark, Krems
1998	wall works, Trabant, Wien
	come together, Portfolio Kunst AG, Wien
	Malerei, Galerie mezzanin, Wien
1997	Zugang B, Galerie Eboran, Salzburg
1996	Junge Szene, Secession, Wien
	Künstlerhaus, Passagegalerie, Wien
1995	Event, Kunstraum Wien
	Exil-Forum, Galerie De Verdieping, Amsterdam

Hans Schabus
geb. 1970 in Watschig; lebt und arbeitet in Wien
1991–96 Akademie der bildenden Künste Wien

Einzelausstellungen (Auswahl)
2008	Next Time I'm Here I'll Be There, The Curve – Barbican Art Gallery, London
2007	Deserted Conquest, SITE Santa Fe, New Mexico
2006	Innere Sicherheit, Kasseler Kunstverein
	To Live is to Fly, Espace d'arts contemporains, Genf
	...should I leave or should I go..., Galleria Zero, Mailand
2005	Das Letzte Land, Österreich Pavillon, 51. Biennale von Venedig
2004	Das Rendezvousproblem, Kunsthaus Bregenz
2003	Der Schacht von Babel, Kerstin Engholm Galerie, Wien
	Astronaut (komme gleich), Secession, Wien
	Transport, Bonner Kunstverein
2002	I don't look back, I look in front, James Cohan Gallery, New
2001	Der Passagier, Kerstin Engholm Galerie, Wien
	Nur weil ich Paranoia habe, heißt das noch lange nicht, daß mich niemand verfolgt, Galerie Luis Campaña, Köln
1997	Ich weiss mir keinen Helfer, Galleria Gianluca Collica, Catania
1996	Das Gesicht in der Wand – Eine Tür ist ein Tisch ist ein Bett, Secession, Wien

Ausstellungsbeteiligungen (Auswahl)
2009	Best of Austria. Eine Kunstsammlung, Lentos Kunstmuseum Linz
	I repeat myself when under stress, Museum of Contemporary Art Detroid
2008	Tiefenrausch, OK-Centrum für Gegenwartskunst, Linz
2007	Seestücke II, Kunsthalle Hamburg
	Um-kehrungen, Kunstverein Braunschweig
	voice and void, The Aldrich Contemporary Art Museum, Ridgefield
2006	Extension Turn 2, Eastlink Gallery, Shanghai
	Steig auf die Gebirge, sag ich dir, und iss Erdbeeren, Fotohof, Salzburg
	Why Pictures Now?, MUMOK Wien
	Bis heute, Museum Moderner Kunst Kärnten, Klagenfurt
2005	Die Postmediale Kondition, Neue Galerie Graz
	Night Sites, Kunstverein Hannover
	Touristclass, Malmö Art Museum
2004	Wiener Linien, Wien Museum
2003	Comingout – Surrounding, Künstlerhaus Klagenfurt
	Wir müssen an Ihr Vorstellungsvermögen appellieren, Kölnischer Kunstverein, Köln
2002	S.O.S., MAK Museum für angewandte Kunst Wien
	Uncommon Denominator, Massachusetts Museum of Contemporary Art
	Das Neue, Österreichische Galerie Belvedere, Wien
2001	Ein gut platzierter Helm ist wie ein beruhigender Blick, Kunsthalle Nürnberg
2000	Milch vom ultrablauen Strom, Kunsthalle Krems
1999	Fotoprofile, Camera Austria, Graz

Markus Schinwald
geb. 1973 in Salzburg; lebt und arbeitet in Wien
Universität für künstlerische und industrielle Gestaltung Linz; Humboldt Universität Berlin

Einzelausstellungen (Auswahl)

2009	Vanishing Lessons, Kunsthaus Bregenz
2008	Migros Museum, Zürich
2007	Augarten Contemporary, Belvedere, Wien
	Center for contemporary Art, Thessaloniki
2006	Aspen Art Museum, Aspen
	Museo d'Arte Moderna di Bologna, Museo di Palazzo Poggi
2005	Ausstellungshalle zeitgenössischer Kunst, Münster
2004	tableau twain, Frankfurter Kunstverein
	dictio pii, Sprengel Museum, Hannover
2003	Ceaseless blur, TAV Gallery, Taipei
2001	dictio pii, Moderna Museet, Stockholm
2000	Oxygen, flipping through Kiesler, MAK Center for Art and Architecture, Los Angeles
1999	GAP, Museum Fridericianum, Kassel

Ausstellungsbeteiligungen (Auswahl)

2008	System Mensch, Museum der Moderne, Rupertinum, Salzburg
2007	The world is a stage, Tate Modern, London; ICA, Boston
	Cross Border, Kunstmuseum Stuttgart
	Manipulance, Center for Contemporary Art, Warschau
	An Interpersonal Journey, New Museum of Contemporary Art, Istanbul
2006	Don Quixote, Witte de With, Rotterdam
	Kentridge, Sullivan, Schinwald, Museum für Gegenwartskunst, Siegen
	Why pictures now, MUMOK Wien
	Bühne des Lebens, Lenbachhaus, München
	Protections, Kunsthaus Graz
2005	I still believe in miracles II, Musee d'Art moderne, Paris
	Lebt und arbeitet in Wien II, Kunsthalle Wien
2004	3' condensed information, Schirn Kunsthalle, Frankfurt
	Ulysses, Atelier Augarten, Belvedere, Wien
	One in a million, Austrian Cultural Forum, New York
2003	Bewitched, Bothered and Bewildered, Migros Museum, Zurich
	The air is blue, Barragan Museum, Mexico City
	Utopia Station, 50. Biennale von Venedig; Haus der Kunst, München
	Adorno, Frankfurter Kunstverein
2002	Dialogs, OK-Centrum für Gegenwartskunst, Linz
2001	Untragbar, Museum für angewandte Kunst Köln
2000	Die neue Künstlergeneration, Kunsthalle Krems
1999	Expanded design, Salzburger Kunstverein
1998	fast forward, Hamburger Kunstverein
	Junge Szene, Secession, Wien

Peter Senoner

geb. 1970 in Bozen; lebt und arbeitet in Lajen und Wien

1994–2000 Akademie der bildenden Künste München; 2007 Lehrauftrag am Institut für experimentelle Architektur, Technische Universität Innsbruck

Einzelausstellungen (Auswahl)

2008	Cosmorama, Landesgalerie Linz
2007	Mythomat, Galerie Oechsner, Nürnberg
2004	Sensoroticron, Galerie für Aktuelle Kunst Osram, München
2002	stereotyp, project space, Kunsthalle Wien
2001	transition 1-..., Ar/ge Kunst Galerie Museum, Bozen
	Pilot, Galerie Wittenbrink, München

Ausstellungsbeteiligungen (Auswahl)

2009	31. Österreichischer Grafikwettbewerb 2009, Galerie im Taxispalais, Innsbruck
	New Entries, Museion, Bozen
	Labyrinth::Freiheit, Landesausstellung, Franzensfeste
2008	Viennafair 2008, Galerie Goethe2, Wien
	Lux, Transart, Klausen
2007	Flesh Flashes, Galerie Goethe2, Bozen
	Positionen, RLB, Innsbruck
2006	eccentrics, Ursula Blickle-Stiftung, Kraichtal-Unteröwisheim
	consens, Arge Kunst Galerie Museum, Bozen
	Staatsförderpreis, Galerie der Künstler München
2005	Stretch Sculpture, Kunsthaus Meran
	Kollaborationen, Kunstpavillon Innsbruck
	Die Sammlung, Galerie für Aktuelle Kunst im Osram-Haus, München
2004	Skulptur. Prekärer Realismus zwischen Melancholie und Komik, Kunsthalle Wien
	Arttirol, Tiroler Landesmuseum Ferdinandeum, Innsbruck
2002	Das absurde Bekannte, Sammlung Falckenberg, Hamburg
	Ewige Kinder, Tokio
	Stiftung Kunstfonds, Bonn
2000	transition 1–..., New York
	INS, Haus der Kunst, München
	In Schottland, ECA, Edinburgh
1999	War, Postmasters Gallery, New York

Jun Yang

geb. 1975 in China; lebt und arbeitet in Wien
1994–96 Gerrit Rietveld Akademie, Amsterdam (Free Media Department);
1996–2000 Akademie der bildenden Künste Wien

Einzelausstellungen (Auswahl)

2008	Paris Syndrome, Vitamine Creative Space, Guangzhou, China
2007	Galerie Martin Janda, Wien
2006	Galerie Ilka Bree, Bordeaux
2005	Kunstverein Langenhagen
2003	Galerie Martin Janda, Wien
2002	Musée d'Art Contemporain, Marseille
	Index, Stockholm
2001	Coming Home, Galerie für Zeitgenössische Kunst Leipzig
	MAK Galerie, Museum für angewandte Kunst Wien
2000	At my Stage, Galerie Vallois, Project Room, Paris
	Emerging artists, Kunst der Gegenwart, Sammlung Essl, Klosterneuburg
	Kunstverein Wolfsburg

Ausstellungsbeteiligungen (Auswahl)

2009	Because it's like that now, it won't stay that way, Arsenal Gallery, Bialystok
2008	Die lucky Bush, MuHKA – Museum voor Hedendaagse Kunst Antwerpen
2007	Wo ist Zuhause?, Museum am Ostwall, Dortmund
	Kunstpreis der Böttcherstraße in Bremen, Kunsthalle Bremen
2006	Naked Life, MoCA Museum of Contemporary Art, Taipeh
	This Land Is My Land, Kunsthalle Nürnberg
	Made in China, Museum of Contemporary Photography, Chicago
	The Peninsula, Singapore History Museum, Singapur
	Dr'hoim isch dr'hoim, Kunstverein Ludwigsburg
2005	The Experience of Art, 51. Biennale von Venedig
	Lebt und Arbeitet in Wien II, Kunsthalle Wien
	RADIO STATION, De Appel Foundation, Amsterdam
	Projekt Migration, Kölnischer Kunstverein, Köln
2004	SHAKE, OK-Centrum für Gegenwartskunst, Linz; Villa Arson, Nizza
	Why not live for art?, Tokyo Opera City Art Gallery, Tokio
	We are the world, Chelsea Art Museum, New York
2003	writing IDENTITY, Galerie für Zeitgenössische Kunst Leipzig
2002	Maverick, Kunsthaus Baselland, Basel
	Nicolaij Contemporary Art Centre Kopenhagen
2001	Heimaten, Galerie für Zeitgenössische Kunst Leipzig
	New Heimat, Frankfurter Kunstverein
2000	If I was in LA, MAK Center for Art and Architecture, Los Angeles
	Import Export, Salzburger Kunstverein; Museum Moderner Kunst, Arnheim
1999	Studiocity, Kunstverein Wolfsburg